happy@work

情熱的に仕事を楽しむ60の方法

ジム・ドノヴァン　弓場 隆［訳］
Jim Donovan

Discover

happy@work

情熱的に仕事を楽しむ60の方法

もくじ

第1章　夢と目標に向かって動く

第2章 自分自身と仲間を成長させる

第3章 エネルギーを高めて集中する

第4章

前向きに考えて成功を目指す

第5章 仕事に全力を尽くす

第6章 モチベーションをつねに高く保つ

はじめに

本書では、あなたが仕事の場において、熱意や満足度、生産性を飛躍的に向上させる方法を紹介する。本書の内容は、すべてわたし個人の実体験に基づいたもので、机上の空論ではないと自負している。どの原則も、単なるお題目ではなく、日々の生活の中で実践されてきたものばかりだ。

本書を通じて、あなたが社会人として、一個人として、輝かしい未来へと向かうためのシンプルで無理のないアイデアを提案できれば幸いである。誰だって、人生に関わるありとあらゆる物事を（とりわけ仕事を）楽しむ権利を持っている。しかし、そのためには自分のいる状況に責任を持ち、自分が求めているものをきちんと定義し、万物の法則に従って行動しなくてはならない。

■本書の構成

本書の各項目は独立しており、1つの項目につき1つ、日常生活に取り入れられるアイデアを紹介している。いつも仕事に遅れそうになって家を飛び出す、という人は、「習慣を変える」ことに関する項目や、「早めに出社する」という項目から読み始めるといいかもしれない。

特に重要なのは、あなたの夢や願望を探る項目だ。これは、強固なビジョンを構築し、目標を設定・達成するのに役立つだろう。仕事に思い入れがないという人が非常に多いが、その大きな要因の1つは、その仕事をする理由や意義を深掘りする方法を知らないからなのである。

他にも、体力管理をテーマにした項目もあれば、気分を改善するための項目もあるし、感情をコントロールするのに役立つアイデアや演習を提供している項目もある。また、付き合いにくい相手やストレスの多い状況への対処方法を提案している項目もある。一生懸命働けば働くほど成果が上がらないと感じている人は、ぜひとも「頭でなく心で動く」ことについて書かれている第11項を読んでみてほしい。

各項目には、最後に「仕事を楽しむ行動ステップ」というコーナーを設けて、具体的な行動を提案している。成功したければ、ここに書いてあることを必ず実践していただきたい。本書を読むだけでもアイデアや情報は手に入るが、実践することで得られる自己認識があってはじめて、長期的な変化が生まれるのであり、ゆくゆくはそれが望んだ人生へとつながるのだ。

わたしのすべての著書に関して言えることだが、本書の情報を実生活で生かせるように、自分自身でその情報を吟味することをお勧めする。あなたの運命を握っているのはあなた自身であり、あなたの人生を築くのもあなた自身。だから、取り入れるアイデアは必ず、心から共感できる、自分に合ったものでなくてはならない。これは極めて重要なポイントだ。すべてのアイデアを鵜呑みにするのではなく、自分にとって役立つものだけ取り入れてほしいのである。

自分の人生に最適なものは本人が知っているはずだし、もっと言えば、そうでなくてはならないとわたしは考えている。世の中には定説を説き勧める人たちが山ほどいるが、わたしはそういう人種にはならないつもりだ。

■本書のさまざまな活用方法

これは一案にすぎないが、本書をアイデアの情報源として活用してみてはいかがだろうか。もちろん、始めから通しで読んでもらってもいいが、項目ごとに読んでもらっても、あるいはすでにお伝えしたように、今直面している課題や状況に即した項目を選んで読んでもらってもかまわない。

朝はいつもばたばたしているという人は、ほんの少し時間を取って1項目分だけでも読んでみてほしい。そうすることでその日の過ごし方について考え、前向きに1日をスタートさせることができるだろう。

日常生活で本書を活用する方法は他にもある。気になっている問題や課題があるときに、適当に本を開いて、そこに何か学べることが書かれていないか考えてみるのだ。信じていただけるかわからないが、わたし自身ときどき、自分の本を使って同じことをしている。実際にやってみれば、意外に新しい気づきを得ることがあるものだと分かっていただけるだろう。

また、管理職やチームリーダーの人なら、会議の際、本書の中から1つか2つの項目を取り上げて、議論のとっかかりを作るのもお勧めだ。チームメンバーに事前に読んでおいてもらうか、会議の冒頭で読む時間を取るだけで、手軽に実行できる。

あるいは、営業担当者に本書を買い与えて、見込み客へのプレゼントとして、飛び込み営業の会話を盛り上げる材料として、顧客との初めての顔合わせを活気づける材料として、活用してもらってはいかがだろうか。

ここまでいろいろと書いてきたが、もちろん、本書の使い道はあなた次第だ。

あなたが素晴らしい人生とキャリアを築けることを心から願っている。

HAPPY@WORK

by Jim Donovan

First published in the United States of America
by New World Library
Japanese translation published by arrangement with
New World Library, a division of Whatever Publishing, Inc.
through The English Agency (Japan) Ltd.

第 1 章

夢と目標に向かって動く

01 問題をチャンスに変える

名作『かもめのジョナサン』(新潮社)で知られる作家のリチャード・バックは、「恩恵のない問題はない。われわれが問題を探し求めるのは、そこに隠されている恩恵を必要としているからだ」と書いている。

ただし、本当に重要なのは、問題を探し求めるかどうかよりも、問題に遭遇したときにどう対処するかである。**わたしがずっと前に学んだ素晴らしいテクニックは、「問題」を「やりがいのある課題」と言い換えることだ。**たんなる言葉のトリックのように見えるかもしれないが、よく聞いてほしい。

「問題」なら避けたくなるが、「やりがいのある課題」なら、思い切って乗り越えようとする対象となる。一見取るに足らないこの言い換えは、状況にどう対処するかに大きな影響を与える。

happy @ work

バックが提案するように問題をやりがいのある課題とみなし、その中に恩恵が隠されていると考えるなら、それを活用することができる。仕事上の問題は、才能をアピールするためのチャンスともなる。

やりがいのある課題がめぐってきたとき、それを避けるのではなくて歓迎しよう。それをチャンスに変えるために何ができるかを自問しよう。それを活用するための最善の方法を模索しよう。

ドミノ・ピザがその好例である。自分たちの商品が好きかどうかを顧客にたずねたところ、「大嫌いだ」という答えが数多く返ってきたという。

ドミノ・ピザの社員は傷ついたに違いないが、一部の会社のように現実から目をそらせたりせず、問題を歓迎することにした。そして、商品を改善し、会社を変革し、品質が向上したピザを提供して顧客を取り戻すことに成功した。

ドミノ・ピザを含めて多くの会社にとって、必要な変化を起こすことは困難を伴うが、その努力は報われる。問題に直面したら、アプローチの仕方を変えて、それを試練とみなし、よりよい質問を自分に投げかけよう。第15項で効果的な質問をする方法を紹介するが、職場のやっかいな問題に対処する方法を変えよう。これは仕事だけではなく人生全体で役に立つことだ。

仕事を楽しむ行動ステップ

①「問題」ではなく「やりがいのある課題」と考えて歓迎しよう。

②その課題をチャンスに変えよう。

02 いつものパターンから抜け出す

happy @ work

聡明なはずの人たちが、ワンパターンの日常を変えられなくなり、変化のない日々を繰り返している。同じ通勤ルートで職場に向かい、同じ場所で朝食をすませるなど、決まったパターンをほとんど崩さない。

職場や学校と自宅の往復ばかりで、いつもの仲間と過ごし、いつものイベントに参加する。聴く音楽、観るテレビ番組も変わらない。そうなると、退屈なのが当然だ。

職場や家庭での生活をもっと充実した、愉快なものにしたいなら、いつものパターンを抜け出すことから始めよう。そうすれば創造力も刺激される。毎日のパターンや習慣を変えれば、脳内には新たな神経結合が生まれるからだ。

通勤ルートを変えるだけでも、新鮮な風景や音に出会えるはずだ。以前は気づきもしなかったものが目に入ってくる。スティーブン・スピルバーグをはじめとするクリエイティブな人たちは、そうやってドライブの時間を増やし、アイデアを探し出している。

あなたは、毎日職場で同じ行動をしていないだろうか？　きっと一定のやり方を繰り返しているだろう。だから問題というわけではないが、創造性が低下し、躍進も望めなくなってしまう。そんなマンネリを一新してみてはどうだろう？

何か日々の行動を変えてみよう。たとえばメールチェックの方法を変えれば、従来の行動が変わり、急ぎの用件に対処できるのではないだろうか？　わたしの場合、相手が早朝から返事を待っているかのように朝一番でメールチェックをしていたので、重要な案件に対応できていなかった。

そこで、メールチェックの時間を少し遅らせたところ、早朝に文章を書く時間を確保できた。わたしにとって何よりも大切な作業である。朝は瞑想で静かな時間を過ごした後、頭がすっきりして穏やかな気分なので、文筆作業が最も進む。メールチェックを遅らせたおかげで、健康維持に欠かせない運動時間も取り戻せた。

車で外出するときは、できるだけルートを変えるようにしている。今ではそのドライブが、格好のアイデア探しの時間になり、思いついたアイデアはiPhoneに録音している。

お決まりのパターンを変えれば、それだけ創造力が刺激される。朝起きて着替えるとき、試しにズボンを反対側の足からはいてみればいい。いつも右足からであれば左足からに変えてみよう。バランスを崩すはずだから、近くに椅子の用意を忘れないように。いつもの決まったパターンに条件づけされていることを、実感できるはずである。

入浴時も、顔ではなく足から洗えば、いつもと違う気分になる。次の運転時には、高速道路ではなく一般道を走って気分の変化を確認してみよう。

そうして頭が刺激されるようすれば、次々と新しいアイデアが浮かび、斬新な発想につながる可能性も高い。

仕事を楽しむ行動ステップ

①毎日の行動パターンや習慣を見直し、いつもと違うやり方をしてみよう。

②いますぐ小さなことをひとつ選んで、実行してみよう。

03

自分の会社について もっとよく知る

自分の会社や製品・サービスについての知識が深まれば、効率的かつ効果的に仕事を進められる。そうなれば生産性が高まり、組織での地位も上がるかもしれない。**旺盛な好奇心は仕事への意欲につながり、組織での存在意義も実感できるようになる。**

あなたは自分の会社の歴史を知っているだろうか？　社長や役員の名前を知っているだろうか？　大企業であれば、社長や役員は雲の上の存在、地球の反対側にいる人たちかもしれない。でも知ることはできる。わたしのこれまでの経験では、特に大企業の場合、社長の名前すら知らない人たちが少なくない。

伝統ある企業になると、数多くのユニークな歴史があるかもしれない。ところが、人生の3分の1の時間を過ごしている自分の会社について、ほとんど何も知らないのが実態である。

happy @ work

仕事での成功を望むのであれば、できるだけ自分の会社について学ぼう。経営陣についての知識も忘れてはならない。もし可能であれば、役員に会ってみよう。新入社員レベルには、とんでもないことかもしれないが、その経験はきっとプラスになる。もしかしたら驚くほど近づきやすく、優しい人たちかもしれない。しかも社長は、あなたが会いに来てくれたことに感動するはずだ。そうなればキャリアに大いにプラスである。

社史を理解し、数十年前に働いていた人たちについて知れば、自分の役割の重要性を認識するとともに、創業の苦労に感謝の気持ちを抱くことができる。

結果的に満足度は高まり、数々の研究によると仕事の成果も上がる。業績は昇進に直結するので、自然に好奇心を持てるようになれば、充実感だけでなくキャリアにもプラス効果がある。

大企業の社員は、創業者が草創期に直面した試練について、まったく知らないことがある。フォード・モーターのT型フォードは、創業者の妻の協力がなければ誕生しなかった事実を、どれだけの社員が知っているだろう？

『思考は現実化する』（きこ書房）の著者ナポレオン・ヒルによると、ヘンリー・フォードがトランスミッションを製造するための資金調達に困っていたとき、妻は自分たちの貯金を使えばいいとアドバイスしたのだ。

またフェデックスといえば、いまや世界的優良企業だが、創業時には何度も倒産しそうになったことを、どれだけの社員が知っているだろう？　当時、機体の差し押さえを逃れるために飛行を続けたというエピソードもある。

ケンタッキーフライドチキン、現在のＫＦＣの創業者カーネル・サンダースは、65歳でフランチャイズ店を始めたときに破産状態だった。そのことを社員たちは知っているだろうか？

老舗百貨店シアーズ・ローバックを創業したリチャード・シアーズは、駅員として働いていた頃に売れ残りの時計を買い取ることになり、適正価格で沿線住民に販売した。その逸話を社員は知っているだろうか？

第二次世界大戦後の日本では、ガソリンが不足し、一般市民の移動手段が自転車だった。そこで本田宗一郎が小型エンジンを開発して自転車に取り付け、省エネとスピードアップを実現した。本田技研の始まりである。何人の社員が、その功績を知っているだろう？

あなたの会社はどうだろうか？　企業規模に関係なく、創業時には興味深いエピソードがあるはずだ。会社の歴史や商品・サービスを知れば、自分の仕事に誇りを持てるようになり、日々の業務を楽しく感じ、愛着も強まる。経営者を知り、可能な場合は会ってみれば、人柄についての理解が深まり、これまで歩んできた道のりの一端も感じられるはずだ。ロールモデルになり、成功へのヒントをもらえるかもしれない。

仕事を楽しむ行動ステップ

①自分の会社の歴史や商品について知識を持とう。

②経営者について知り、できれば会って話をしてみよう。

04 部下をほめ、自分自身もほめる

ほんのささいなミスを犯しただけなのに、自分や部下を責め立てることがいかに多いか気づいたことがあるだろうか。

実際、ほとんどの人はあら探しをするのが得意である。とりわけ自分についてはそうだ。しかし不幸なことに、上司は部下を批判し恥をかかせることによってよりよい仕事をさせようとしている。

相手を罵倒してよりよいパフォーマンスを期待するのは、パソコンをハンマーで叩いてよりよいパフォーマンスを期待するようなものだ。そんなことをしてもうまくいくはずがない。若い世代ほど、そんなことをしたらすぐに辞めてしまうだろう。

どうしても部下の仕事ぶりを批判しなければならないなら、必ず二人きりの環境でしよ

happy @ work

う。人前で批判すると、相手に苦痛を与えるだけでなく、それを聞いている人たちに悪影響をおよぼしかねない。

わたしが小売店でたびたび目撃してきたことだが、客がそばにいるときに従業員を叱ると、組織全体の士気を低下させる。「ほめるときは人前で、叱るときは二人きりで」という古い教えは今でも真実だ。

生産性を高め、部下の幸せに貢献し、組織を繁栄させたいなら、いいところを見つけるように心がけなければならない。**部下がいいことをしているのを見つけて、積極的にそれをほめよう。**部下に対して「すばらしい仕事ぶりだね」と言ってほめることで、その部下の功績を認める気持ちを示すことができる。

他人のモチベーションを高めるだけでなく、自分自身のモチベーションを高めることも同じくらい重要だ。**自分が何かをうまくしたり仕事を効率的に予定どおりに終了させせたりしたら、自分に報酬を与えよう。**小さな業績に対してはお菓子を、大きな業績に対しては1週間の休暇を自分にプレゼントするというのはどうだろうか。

そのように自分に対する報奨制度をつくれば、気乗りしないときでも目の前の仕事に取り組むのに役立つ。報酬があることで、仕事をより速く、より簡単に終えることができるのだ。

仕事を楽しむ行動ステップ

①部下を人前で叱らないようにしよう。
②部下と自分自身のいいところを見つけてほめよう。

05 仕事の目的を自覚する

happy @ work

数年前、『こころのチキンスープ』シリーズ（ダイヤモンド社）の著者のひとりジャック・キャンフィールドの講演に参加したことがある。2月の寒い夜、ジャックは新刊本『絶対に成功を呼ぶ25の法則』の全国PRのため、ニュージャージーにやって来た。

ジャックの到着を待つ間、「なぜ南カリフォルニアに住む著名人がニュージャージーにやって来て、わずか40人ほどの聴衆に講演をするのだろう」と不思議に思わずにはいられなかった。冷たい雨の降る冬のニュージャージーに来るよりも、温暖なカリフォルニアにいるほうが、ずっと快適である。ジャックが会場に現れると、握手をしながら再会のあいさつを交わし、本人に理由を聞いてみた。

すると「人々の生活を変えるためだ」と即答された。

ジャックは、なぜ自分が仕事をしているのかを、はっきり自覚していた。自分の目的を理解したうえで、任務に専念していた。気候など問題ではなかったのだ。

あなたはどうだろう？　自分の仕事の目的をわかっているだろうか？

独自の成功哲学を持つジグ・ジグラーは、「昨日もそうだったからという理由だけで今日の仕事をしようとしているなら、人生設計を考え直したほうがいい」と言っている。

あなたは自分の目的に向かって生きているだろうか？　あるいは本当に自分が何をしたいのか、まだ模索中かもしれない。

いずれにしても、**あなたが今どこで何をしていようとも、必要なことを、必要な場所で行っていることを理解しよう**。最終的な目的地への踏み台にすぎないかもしれないが、その場で最善を尽くすことが、自分自身や雇用主への義務である。

真冬の東海岸への宣伝活動を出版社から頼まれたジャック・キャンフィールドは、裕福な有名人だという態度を見せず、春まで待とうとも言わずに引き受けた。自分の仕事の目的をわかっているジャックには、ためらいがなかった。人々の生活を良い方向に変えようと本気で思っていれば、そのためにあらゆる手を尽くすものである。

仕事から満足感を得られているだろうか？　人の役に立っているだろうか？　もっと満足感を高めるには、何ができるだろうか？

自分の仕事の重要性をどのように認識していようとも、何かの役に立つ、かけがえのない要素なのだ。そのことがわかれば、仕事に喜びや意義を感じられるようになる。気分が高揚し、幸せにもなれる。

仕事を楽しむ行動ステップ

①自分の仕事の目的を考え直してみよう。

②自分が必要なことを、必要な場所で行っていることを理解しよう。

06 夢を実現するために一歩踏み出す

「自信を持って夢に向かって前進し、思い描いている自分自身の人生を生きようと努力すれば、想像していたよりはるかに大きな成功にめぐり会うだろう」

これは作家ヘンリー・デヴィッド・ソローの言葉である。

あなたは静かに人生を送り、誰にも気づかれることなく生涯を終えるために生まれてきたわけではない。だが残念ながら、そういう生活をしている人が多い。足取りは重く、好きでもない仕事をして、現実逃避を願い、ソローに言わせれば「静かなる絶望の日々を送っている」。

もうひとつ、わたしが気に入っている言葉をあげよう。フランスの作家エミール・ゾラの、

「もし何のために生まれてきたのかと聞かれれば、『叫ぶためだ』と答えたい」

happy @ work

である。

あなたは「自分自身の」人生を、「叫ぶために」生きているだろうか？

夢や希望は、人によって違う。多くの人が指摘しているように、こうなりたい、こうしたい、何かを手に入れたいという希望を持っていれば、すでに実現する力があるのだ。

ちょっと立ち止まって、心の奥にある希望について考えてみよう。その実現可能性が高く、手の届くところにあることがわかるはずだ。おそらく夢は、本人が思っているよりずっと近くにある。

ナポレオン・ヒルが『思考は現実化する』で述べているように、成功には専門知識が欠かせない。だが、必ずしも本人に専門知識がなくてもいい。**必要なのは、第一歩を踏み出す意欲、前向きな気持ち、強い自信だ。**そうすれば次の一歩が見えてくる。ソローの言葉のとおり、自信を持って夢に向かって前進すればいい。

成功への強い意志を持ち、そのビジョンを決して忘れず、どんなことでも正しいと信じる行動を続ければ、やがて成果は現れてくる。

きっと思わぬ形で、助けてくれる人にも出会えるだろう。どこからともなく必要なものも手に入るだろう。すべてが成功に導いてくれているかのように順調に進み、ソローの言葉どおり「思いがけない成功にめぐり会う」に違いない。

仕事を楽しむ行動ステップ

①自分の夢は何なのか、もう一度はっきりさせよう。
②その夢に向かって、恐れず、自信を持って第一歩を踏み出そう。

07 夢の実現につながる言葉を常に見て聞いて話す

happy @ work

数年前のある日のことだ。わたしは妻のジョージアから「お金の楽しみ方を知らない」と言われてしまった。

多くの人たちと同じように、わたしのお金に対するイメージと言えば、支払いや投資といった「真面目なもの」だった。そのため妻は、紙幣全体に小さな「スマイルマーク」を貼り付けた1ドル札を1枚作り、時には楽しみのためにお金を使わせようとした。

ジョージアの思惑どおり、財布を開けるたびにスマイルマークがいっせいに目に飛び込んでくるので、人生が明るく楽しいものになってきた。

紙幣にスマイルマークをつけるとか、欲しい車の写真を鏡に貼るとか、目立つ場所に売上目標を掲げるというちょっとした行動は、それだけで希望どおりになるものではない。

しかし、いつも夢や希望を忘れなくなり、潜在意識に自分の望みをはっきり認識させられるので、「宝の地図」とか「夢の標識」「将来設計図」などと呼ばれている。

ご存じのように、潜在意識にはどんなメッセージも伝わる。ただし、「〇〇したい」という指示と、「〇〇したくない」という指示を区別できない。

「ピンクのゾウについて考えてはいけない」と言われると、どうしてもピンクのゾウについて考えてしまうことからわかるように、逆の指示は効果がない。だから、たとえば「借金の督促状を受け取らないようになりたい」ではなく、「借金をなくして裕福になりたい」というメッセージを送る必要があるのだ。

本人の言葉や考え、感情は、文字どおりに潜在意識に伝わるので、望むことだけを考え、話すのがいい。

第1項で書いたように「問題」ではなく「やりがいのある課題」と考えたり、「欠点」ではなく「長所」について話したりするようにしよう。

「私は〇〇が嫌いだ」というフレーズを復唱する前後で筋力テストを行うと、復唱後のほうが筋力は低下するという実験結果がある。逆に「愛」のような前向きな言葉を加えた文章を復唱した前後で同じテストをすると、筋力は上昇するという。

言葉には力があり、話す言葉がプラス効果にもマイナス効果にもなる。**幸せで充実した生活を送ろうと思えば、どんな言葉を聞くか、誰から聞くかに気を配り、自分が話す言葉も慎重に選ばなければならない。**

自分への最大の力になるのは、「自分の売上は着実に増加しており、顧客にとっての価値も高まっている」といった言葉（信念）である。同様の言葉を自分自身にあてはめて、売上の増加を期待してみよう。

仕事を楽しむ行動ステップ

①自分の夢や希望に関する前向きな言葉を選んで壁や鏡など目につく場所に貼ろう。

②どんな言葉を聞くか、誰から聞くか、自分はどんな言葉を話すかを慎重に選ぼう。

08

目標を設定する

定期的に目標を設定している人は、驚くほど少ない。何百年も前から目標を掲げることの大切さが指摘されているにもかかわらず、各種データによると、実践しているのはほんのわずかである。

その限られた人たちは成功する確率も高いという状況は、当然とも言える。つまり、もし成功を望むのであれば、目標を設定すればいいのだ。ある大手百貨店の創業者は、「在庫管理の目標が設定されていれば、きっと歴史的偉業が起こるだろう。でも在庫管理の目標は、まずまちがいなく設定されていない」という名言を残している。

これまでの20数年間、わたしが夢をかなえてきた秘訣があるとすれば、人生のさまざまな事柄について目標を設定する習慣を持っていたことだ。

happy @ work

毎年1月の第1週に、その1年間で達成したい内容をメモする。そのために、まず今後5年間の理想的な生活を描いた人生プランを読み返す。

その内容は刻々と変化するものなので、夢や希望の変化にあわせて継続的に見直している。また具体的な項目には、理想的な精神状態、体調や健康状態、仕事やキャリアの目標、人間関係、社会的地位や物質的充足、さらに金銭的目標も加えている。

そのプランを見ながら、1年間でできそうなことをリストアップし、各項目につき1～2の最優先目標に絞り込む。

そもそも、なぜ目標設定が大切なのだろう？

人生の目標を立てれば、道しるべになり、進捗状況も確認できる。さらに、自分の希望を潜在意識に認識させ、周囲の人たちに伝える手段にもなる。

わたしの場合、通常は何とかして期日までに目標を達成しようとする。できなければ、目標をあきらめるのではなく、期日を変えて必要な修正を加える。

もし実現できなくても、初めから目標を設定しないよりずっといい。かつてわたしは、年間50回のセミナーや講演会を行うという目標を立てた。平均すれば週1回講演を行わなければならず、壮大な計画だと言える。実際の講演回数は35回にとどまったが、これは失敗だったのだろうか？　そうは思わない。目標がなければ、どれだけの講演ができただろう？

年収1000万円という目標を立てて800万円しか稼げなかったからといって、「目標達成に失敗した、このお金は捨てる」などと言う人がいるだろうか？　たとえ目標を紙に書いて引き出しにしまっておくだけでも、まったく何もしないより目標には大きく近づける。

夢や目標を心にとどめているだけでは、単なるお題目になる可能性が高い。**文字にしてこそ力を持つのだ。**書くことで心から取り出し、具体的に形あるものとなるはずである。目標を書くというプロセスによって、実感が高まり、責任感を抱くようになるのだ。

まずわたしは5年先までの理想的な人生プランを立てる。そして1年ごとにできるだけ具体的に思い描き、そこから目標を考え出していく。そうすれば人生設計と矛盾しないはずである。

目標を先に決めると、理想の人生と整合しなくなってしまう危険がある。健康や家族についてはまったく考えず、お金や仕事の目標だけを設定して不幸な結果に終わるという事例は数え切れない。**人生を最大限楽しむには、さまざまな面に目を配る必要がある。**

人生設計ができれば、大切な項目についての理想的な生活もイメージできる。そこから各項目の最優先目標を決められる。

人生設計に基づいた1~2年の目標を決めてみよう。5年先のキャリア目標に向かって、次の1~2年に何をしなければならないだろうか？ 具体的なアクションプランについては、後ほど詳しく説明したい（第10項を参照）。

仕事を楽しむ行動ステップ

①5年先までの理想的な人生プランを立ててみよう。

②人生プランにそった目標を決めて実際に書いてみよう。

09 大きな目標を立てることを恐れない

happy @ work

最初に質問がある。**あなたの目標は、無難すぎないだろうか？**

わたしは営業マンの目標達成度について多くのマネジャーを対象に聞き取り調査をしたことがある。その結果、大半の営業マンが目標どおり、あるいは目標にわずかに届かない業績だということがわかった。目標を上回る営業マンはほとんどいないそうだ。

ほとんどの営業マンは、自分が達成できそうな控えめな目標を設定し、それを確実に達成すればそれでいいと思っているのだ。

他人をしのごうと思うのであれば、安穏としていられなくなるような、一層の努力が求められる目標を持たなければならない。

だが目標というものは、高揚感とともに恐怖心も助長する。実現しようという思いによって気分が高まり奮起すると同時に、自分には能力や技術や力が不足していると考えたり、想像に足を引っ張られたりして、行動する前から恐ろしくなるのだ。

ここで覚えておいてほしいことがある。

恐怖心は幻にすぎない。壮大な目標への努力を恐れる理由はない。ひたすら立ち向かってみよう。

あなたにふさわしい目標であれば、必ず達成方法は見つかる。強い気持ちがあれば、目標に必要なものや人、情報、行動への道筋があるはずだ。

もうためらっている場合ではない。

仕事を楽しむ行動ステップ

①自分の目標が無難すぎないかを見直し、努力が必要な大きな目標を立てよう。

②目標を達成する方法を考え、ひたすら立ち向かおう。

10 中間目標を決めて行動を始める

目指すべき人生プランと1年間の目標を書いたら、中間目標を立てて行動計画を作ろう。目標リストを読み返し、それぞれに1～2段階の中間目標を決める。たとえば社内トップの営業マンになるために、これからの1年間で所属部署トップの営業成績を残すのが目標だとする。そのためには3カ月後までに担当エリアトップの成績が求められるかもしれない。これが中間目標になる。

目標達成に向けた3カ月間の中間目標が決まれば、1カ月間の具体的な行動計画を加えていく。中間目標に近づくための1カ月の行動プロセスを書き出してみよう。このときは可能な行動を列挙すればいい。そして次の作業として、理想的な人生プランに欠かせない1週間単位、1日単位の行動を決めていく。

happy @ work

前進するためにすぐできる行動を、少なくとも1項目は加えておきたい。目標を設定して即座に行動に移ることは、きわめて意義が大きいからだ。本気で取り組むというメッセージが潜在意識に届くのだ。

新年に「今年はこうしよう」と決めておきながら、何の行動もしないという人が多いが、当然ながら目標達成は大幅に遠のく。シャンパンの泡が消えるようなわずかな時間で前向きな思いが挫折してしまうという例は少なくない。

それを防ぐには、ちょっとしたことをすぐにやってみればいいのだ。

仕事を楽しむ行動ステップ

①目標に向けて中間目標を決め、その達成に向けた行動を決めていこう。

②すぐにできるちょっとした行動をプランに入れて、すぐに実行しよう。

第 2 章

自分自身と仲間を成長させる

11 インスピレーションにしたがって行動する

わたしは執筆、講演、コーチングなどの仕事をするとき、2種類の行動をはっきりと意識している。ひとつは「ハムスター行動」である。よく見かける行動だ。

一般的に、結果を残そうと思えば、次々と行動するのがいいと教えられる。銀行員は数え切れないほどセールスの電話をかけ、広告営業など外回りの担当者は、気乗りしない企業訪問を毎日繰り返し、懸命に売り込みをかける。

そうした行動によって忙しい気分になるが、あまり見返りは期待できない。ずっと続けていると、意欲が低下して落ち込むようになり、最後には燃え尽きてしまう。「さあ、さあ、行動、行動」と背中を押す企業の多くは、離職率が高く、業績も思わしくない。

ハムスターが車輪の中を必死に走ってもまったく前進できない様子をイメージして、これを「ハムスター行動」と名づけた。ハムスターを見下しているわけではないが、もっと

happy@work

賢明な方法がある。それがこれから紹介するもうひとつの行動である。

数年前、コーチングでトップクラスの2人から、少人数の専門的な研修を受けたことがある。宇宙の法則と、その人生への影響について学び、「引き寄せの法則」を従来の事業戦略に応用するという内容だった。飛躍的に業績を伸ばしたクライアント企業の実例もあった。そのとき学んだのが「インスピレーションによる行動」である。

その行動プロセスは、ハムスター行動と異なる。具体的に説明しよう。

まず、終わらせたい仕事や作業を決める。次に、それらが簡単に完了するつもりで計画を描く。わたしの場合は、大きめのカードやタブレットを使う。

次は実際にその仕事に向き合う段階だ。**その計画を何度も見返し、心に成功をイメージする。**そうすれば、想像のレベルでは完璧に仕事が終わっているので、あとはそれを実現するだけでいい。

じっと静かにインスピレーションを待とう。直感を信じて、耳をすましていれば、小さな声が聞こえてくる。無駄にエネルギーを費やし、やみくもに行動するのとは違うアイデアが浮かぶはずである。

「しばらく連絡していない友人に電話してみよう」、「手紙やメールを送ってみよう」と思うかもしれない。浮かんできたのがどんなアイデアでも、すぐに行動しよう。宇宙はスピードを求めているのだから。

仕事を楽しむ行動ステップ

①これから取り組む仕事が簡単に成功することをイメージしよう。
②心を静かにして、成功を実現するためのアイデアが浮かぶのを待とう。行動はその後でも遅くないが、アイデアが浮かんだらすぐに行動しよう。

12 自分や部下、顧客の価値観を尊重する

それぞれの人が持つ価値観は、充実した人生のためのさまざまな行動に大きく影響する。だが、ほとんど重要視されていない。

だれにでも「愛」や「成功」、「思いやり」、「自由」、「貢献」、「冒険」、「安定」など大切なものがあり、それによって幸せが左右される。つまりどんな状況においても、**幸福や満足感は、自分の大切にしているものが手に入るかどうかによって決まるのだ。**

行動に直接影響するのも価値観である。そのため自分自身の価値観がはっきりしていれば、充実した幸せな人生に大きく近づける。

また、大切なことの順番は人によって違い、これから説明するように、大切なことを手に入れられたと思える「ルール」も異なる。

ここまでの説明を「難しい」と感じても、心配しなくていい。読み進めていけば簡単に

happy @ work

理解できる。

■相手の価値観、自分の価値観を知る

相手の価値観を理解すれば、コミュニケーションが円滑に進み、職場でどうすれば相手の意欲が高まるのか、どうすればうまく協力できるのかがわかる。営業でも、相手が重視している点がはっきりすれば、ありきたりな営業ではなく、顧客本意の営業ができる。自社の商品やサービスは、まさに相手が求めているものだとアピールしやすくなる。

もしあなたに部下がいるなら、「あなたにとって仕事で最も大切なことは何ですか？」と聞いてみよう。最初の答えに、仕事についての価値観が現れるはずだ。

同じ質問を続けていけば（「ほかに重要なことは？」と聞いてみよう）、次第に相手の価値観がわかってくる。たとえば最初の答えが「安定」であれば、何よりも安定を大切に思っている。続いて「貢献」、「評価」、「成功」、「金銭」、「挑戦」などが出てくるだろう。

さらに相手を知るには、最優先項目以外を比較してもらう。まず「貢献と評価はどちらが大切ですか？」と聞き、「貢献」と答えれば、「成功と貢献では？」と続け、「やはり貢

献です」という答えであれば、「では成功と評価はどちらが重要ですか?」と質問する。そうすれば、「安定」を筆頭に、重要視している項目の順位づけができる。当然ながら、「安定」をほかの項目と比較してみると、安定が最も大切だと答えるはずである。

順位づけが完了すれば行動の原動力を把握したようなものなので、どうすればモチベーションを高められるのか、どんな仕事が最適なのか、判断できる。

もし遠隔地でのオフィス開設という仕事があれば、「冒険」が何よりも大切なスタッフが適任だ。一方、「家族」を何よりも大切に思っているスタッフは、家族の同行が許されなければ、能力を発揮できないだろう。

部下の有無に関係なく、自分自身の価値観についても時間をかけて考えてみよう。**価値観によって幸福度が変わるものである。**価値観に反した生活によって不幸になっているケースも少なくない。

たとえば自由が何よりも大切な人が、決められたスケジュールどおりのオフィス業務をしているのは不幸である。オフィスから外出できて、本人がスケジュール管理できる立場のほうが幸せだろう。

わたしの場合、「貢献」が大切だと思っているので、人の役に立てなければ幸せを感じられず、満足できない。文筆作業が大好きなのは、読者の役に立つことを実感できるからだ。自分の文章によって読者が幸せや成功に近づく気がするので、自分自身も幸せになる。

ただし、価値観は変わるものである。若い独身時代は上昇志向が強くても、結婚して子どもが生まれれば、ほかに大切だと思えるものができるかもしれない。

最初は達成感や成功が何よりも大切かもしれないが、一定の成功を手にすると、価値観は変化する。そのため、数年ごとに自分の価値観を見直し、変化していないかどうか確認する作業が欠かせない。

■相手の価値観を知ることはビジネスに役立つ

すでに説明したように、マネジャーなら部下の価値観を理解しておくと大いに役に立つ。

営業マンなら、自社の商品やサービスを説明しつつ相手の重要視している点を探れば、価値観に合わせたアピールができる。

人によって商品の購入理由は違う。その理由をつかめれば、自社の商品やサービスの素晴らしさを説明しやすい。相手にとって価値のある商品だと思ってもらえれば、それだけ購入する可能性も高くなる。

具体的な事例で考えてみよう。わたしが高級車の販売員だとする。相手に「車を選ぶとき、何が最も大切ですか？」と聞いたところ、何よりも家族の安全だと答えた。その場合、車の安全性能について集中的にアピールし、安心、安全面を丁寧に説明するはずだ。

一方、スタイルや高級感を重視する相手には、車の快適性やデザインの素晴らしさを強調し、レザー仕様の車内や抜群のスタイリッシュさについて説明するだろう。

ある土曜日の静かな朝、高級車の販売店に出かけたことがある。かなり早い時間帯だったので、店内はセールス担当者ひとりだけだった。丁寧に出迎えられた後、ある車について、どんな色があるのか聞いてみた。ところが担当者は質問に答えず、社内研修で学んできたばかりらしい安全性能について説明を始め、どれくらい安全な車であるかを詳しく話してくれた。

説明は延々と続き、わたしの関心をまったく無視して、安全性ばかりを強調する。わたしは「ありがとう」と言って店を出た。わたしも安全性に関心がないわけではない。もちろん重要だと思っている。ただ、高級車は丈夫で安全だと信じているし、衝突を想定して車を購入するわけではない。わたしが知りたかったのは、車のカラーラインナップだけだったのだ。

もし担当者がわたしの質問に答え、何よりも知りたいと思っていることを教えてくれていれば、その場で車を購入していたかもしれない。

相手の価値観がわかれば、効果的な会話ができる。また、自分自身の価値観を自覚すれば、幸せで満足な判断ができるようになる。きわめて単純である。

もし価値観にそぐわない判断をすれば、何をしても満足感は得られない。もし人生や仕事が、本人が大切に思っていることの価値観にふさわしいものであれば、幸福度とともに生産性も向上し、満足で充実した人生を送れるだろう。

自分の価値観を知るために、次の質問に対する答えをノートに書いてみよう。

- 人生において大切なことのトップ5は？
- 仕事において大切なことのトップ5は？

次に、それら5項目について「○○は○○よりも重要だろうか？」と自問し、優先順位を決めよう。

仕事を楽しむ行動ステップ

①自分の価値観と、部下や顧客の価値観を理解しよう。
②自分や相手の価値観に合わせて仕事をし、幸福度を高めていこう。

13 自分にとっての価値基準を見つける

前項の価値観について補足しておきたい。自分にとって大切なことが手に入っていると感じるには、何が必要だろうか？

たとえば、他者からの評価を重視しているとしよう。自分の行為が評価されていると思うには、チームメンバーの前でほめてほしい人もいれば、「よくやった」というメールをもらうだけでいい人もいる。

相手の基準、なかでも身近な人たちの基準がわかっていれば、うまくコミュニケーションを図り、良好な関係を築けるのだ。

まず、自分にとっての価値基準について考えよう。**自分が望む状況になりやすくするには、そのためのハードルを下げればいい。**たとえば幸せになりたいなら、「毎日生きてい

happy @ work

れば幸せ」というように、幸せの基準を容易なものにするのだ。そうすれば、いつでも幸せを感じられる。幸せになるための条件が多すぎると、実現がほぼ不可能になり、不幸な人生を過ごす結果になる。

逆に言えば、自分にとっての失敗の基準は実現しにくい内容、あるいは実現不可能なものにすればいい。わたしにとっての失敗の基準は、完全降伏である。だが、何かをして行き詰まったとしても、まったくお手上げにはならないものだ。だからわたしは実質的には失敗しないのである。

確かにわたしは挫折も経験してきたし、いつも計画どおりに進むわけではないが、いかなる結果になっても、どんな経験からも学ぶものがあると信じている。だから失敗と思えるような数々の局面も、何よりも有益な経験にしてくることができた。

ずっと以前のことだが、わたしはひどい生活習慣の影響で頭も心も体も経済的にも破綻し、病院のベッドの上で目覚めた経験がある。自分の人生は終わりだと思った。しかし実際はそれが最高の出来事だったのだ。それまでの悲惨な生活を抜け出し、今の仕事を始めるきっかけになったのだから。

もしそこまで最悪の状況にならなければ、人に助けを求めることはできず、精神的に再起できず、多くの人の人生にかかわる仕事もできなかっただろう。わたしの著書や講演が好評を得ている大きな理由は、つらい時期を乗り越えた経験が知られており、有言実行を信条としているからである。自分が書いた内容はすべて実践し、よりよい人生を追い求めているからなのだ。

仕事を楽しむ行動ステップ

①自分の価値基準を見つけるために、前項で書いた自分にとって大切なことトップ5の横に、それらを実感するための基準を書いてみよう。

②自分にとっての「失敗」の基準を、実現不可能なものとして書いてみよう。

14 最優先すべき仕事を絞り込み、最初にやってしまう

happy@work

やるべきことを全部こなそうとして、ストレスを感じている人が非常に多い。勤務時間は長く、延々と続く会議に出席し、複数のプロジェクトを抱え（それぞれがストレスになり）、膨大な量のメールをチェックし、もう限界に達しようとしている。でも一方で、すべてをこなしても余裕がある人たちがいるのも事実だ。この違いはどこから来るのだろう？

かつてわたしもそうだったが、定期的に運動する時間を確保していない人が多い。いくら毎日やるべきことがあっても、運動は大切であり、自分のためにできる最優先事項だ。わたしの友人のひとりは、依頼の絶えない多忙な弁護士でありながら、ほぼ毎日運動時間を確保していた。ほかにやるべきことを抱えているにもかかわらず、どうやって時間を見つけているのか聞いてみた。

すると「運動を最優先の日課のトップ3にしているんだよ」というシンプルな答えが返ってきた。**成功の秘訣は優先順位だったのだ！** しかもトップ10ではなく、トップ3だ。

忙しい人は、一日にやるべきことが多すぎる傾向がある。 そのため、限られた時間では不可能なことをやろうとして疲れ切っているのだ。

うまくこなしている人を検証してみよう。その日に最優先すべき事項をせいぜい5項目程度まで絞り込んでリストアップし、それらを先に終わらせているはずだ。いくつもリストアップして完了できず、イライラするようなことはしないのである。

わたしの場合、週に一度、友人と互いにコーチングを行い、それぞれの目標達成に何が必要かを考える。そのとき必ず、次週までにやっておくことを約束する。コーチングには、自分が責任持ってやりとげることを相手に約束するという大きなメリットがある。わたしたちは、成功に向かって少なくとも3項目の約束をすることにしている。

余裕を持ち、気分もよく、ストレスを感じない生活がしたい人は、**自分の目標達成のために最も重要な3～5項目の事項をリストアップし、まずそれらを終わらせる習慣をつけ**

よう。それらが終わるまでは、他のことをしてはいけない。

とてもシンプルなことだが、これは成功への大幅な近道となる。あなたの将来のために本当に必要なことから対処できるようになるのだ。

毎日欠かさず、手帳やタブレットやＰＣに最優先の５項目を書き出してみよう。それらをまず終わらせれば、生産性は飛躍的に向上するはずだ。

ブライアン・トレーシーの著書『カエルを食べてしまえ！』（ダイヤモンド社）にはこんな秘訣も書いてあった。まず自分がやりたくない仕事を１つやってしまうのだそうだ。そうすれば力が湧き、その他の仕事をやる気になるという。これは素晴らしい方法だと思う。

仕事を楽しむ行動ステップ

①一日のうちで最重要な仕事を5項目以下に絞り込み、それから着手しよう。

②そのうちでもやりたくない仕事を最初に1つやってしまおう。

15 前向きな考え方をする

happy @ work

みなさんの会社の給湯室などではどんな会話がされているだろうか？　たいていは後ろ向きの愚痴ばかりだと思う。「うんざりする仕事ばかり」とか「なぜ休憩もできないの？」というセリフが延々と続くのだ。

どんなときでも、明確で簡潔な想像が強い力を持つ。手始めに、**朝一番から前向きな想像をして、一日を気分よくスタートしてみよう。**

たとえば「今日はどんな嬉しいことが待っているだろう？」「どんなことに感謝できるだろう？」と考えるだけで、いつもより前向きな気持ちで一日が始まる。

ところが逆に「なぜ今日は仕事に行かなければならないのだろう？」「なぜ早起きしなければならないのだろう？」と気力が失せるようなことを考える人が多すぎる。せっかくの一日の始まりが台無しで、浮かない気分になるだけだ。

後ろ向きの自分から抜け出したい、人生や仕事を楽しんで生産性を高めたいと思うのであれば、まず考え方を変えよう。

人間は、頭の中で「○○はどうだろう？」と考え、その答えを導き出そうとする生き物だ。前向きな考え方を習得すれば、気分が高揚し、プロジェクトでの成功も増えていく。「どうすればもっとうまく、効率的にできるだろう？」「この状況はどんなところがうまくいっているだろう？」など、意欲的で前向きな問題設定をする習慣をつけよう。いつも前向きな問題設定をしていれば、頭の中の自問自答もうまく進み、どんな状況でも気持ちが楽になる。


たとえば、営業スタッフとして毎月3人の新規顧客を獲得しなければならないとすれば、「顧客を12人増やすには、今月何をすればいいだろう？」と考える。すると新規顧客の獲得目標が3人の場合とは、まったく違うアイデアが浮かんでくるはずだ。

個人や企業が前向きに大きく考えず、小さな結果しか残せないのはよくない。わたしが初めて著書を出版したときにじっくり考えたのは、「ミリオンセラーにするために何ができるか?」だった。同じジャンルの書籍の平均販売部数が数千冊であり、当時のわたしは書籍の販売について何も知らなかったことを考えれば、大胆すぎる発想である。

でも振り返ってみれば、おかげで書籍のマーケティングを違う視点からとらえ、常識からかけ離れた行動をせざるを得なくなったので、きわめて賢明な判断だったといえる。

結果は? 初めての著書『何をしてもうまくいく人の条件』(ディスカヴァー)の販売部数は10万部を上回り、一気に名前を知られる存在になった。執筆活動のはじまりである。

あなたも「今の上司の立場に昇進するには、何をすればいいだろう?」ではなく、「さらに3段階上を目指すには、何をすべきだろう?」と考えよう。必然的にまったく違う答えが見つかるはずだ。

仕事を楽しむ行動ステップ

①前向きな問題設定をして、一日をうまくスタートさせよう。

②今抱えている仕事上の課題について、大きく前向きな目標を立てよう。

16 早く出勤する

充実した生産的な仕事をして、ストレスを減らしたければ、あわただしさから抜け出そう。「ラッシュアワー」という非生産性そのものから自由になればいい。毎朝、大勢の通勤客に埋もれてストレスを感じるよりも、のんびりとリラックスした気分で一日をスタートしたほうがいいと思いませんか？

わたしは数年前、自宅から50キロほど離れた学校でコンピュータソフトについて教えることになった。最初の数日間はラッシュアワーの大渋滞を経験したが、いい方法を思いついた。自宅を20分早く出ればどうなるか、試してみたのだ。するとラッシュアワーの混雑から一気に解放された。少しだけ早く自宅を出るだけで、大渋滞を避けられたのだ。

結果的に通勤時間は20分短縮され、ゆっくりとリラックスしてコーヒーを飲む時間もで

happy @ work

きた。しかも、当初にくらべて40分の時間の余裕ができたので、文章を書く時間も生まれた。おかげで2冊目の著書が完成した。

ゆったりと一日をスタートし、時間に余裕を持って職場に到着できれば、どれほど気分がよくなるだろう?

少しだけ早く自宅を出ようという気持ちになるだけでいい。落ち着いた気分で一日が始まり、肉体的にも精神的にも生産的になれるのだ。

仕事を楽しむ行動ステップ

①まずは10分でも20分でもいいので、自宅を早く出てみよう。

②その結果生まれる時間の余裕を十分に味わってみよう。

17 一日をエネルギッシュに過ごす

happy @ work

心から幸せを感じ、生産的な生活や成功を手に入れるには、身体的にも精神的にもタフでなければならない。ところが多くの人は、一日をなんとか過ごすだけでも多大なエネルギーを必要としている。典型的なライフスタイルを検証してみると、その背景が見えてくる。

まず、目覚まし時計に驚いて目覚めるが、かなり寝不足である。もっと寝ていられたらと毎朝のように思う。

あわただしく自宅からファストフード店に向かい、コーヒーなどのカフェインの入った飲み物と糖質たっぷりのドーナツなどを買って食べる。無理やり血糖値を上げるためである。糖質を多量に摂取したため、ぼんやりしてしまう（言うまでもなく、そのような食習慣を続けると肥満や糖尿病になりかねない)。

職場までの車内では、その日の仕事が気になり始める。たいてい時間どおりに出発していないから、遅刻も心配になってくる。

すでに危険なストレスレベルだが、まだ会社に到着すらしていない。

出社してからは、なんとか昼休みまでを過ごす。昼休み中は、会社や仕事、世界全般に対する愚痴を、マイナス思考の同僚と語り合うこともある。


極端すぎる話に聞こえるかもしれないが、これは一般的な会社員の日常そのものだ。ちょっとした違いはあっても、同じような一日を終え、疲れ果ててベッドに倒れ込む。その前にテレビで深夜のニュース番組を観るのだが、その日に起きた凶悪事件の悪いおすそわけをもらうだけだ。多くの人が燃え尽き、不満を持ち、落ち込み、思っている以上に早く老化が進むのも無理はない。

そこで、そのようなパターンから脱出し、気分がよくなり、エネルギッシュな一日を過ごせるようなアドバイスをしよう。

・まず、**十分な睡眠時間を確保する。**一般的には6〜7時間の睡眠が必要とされている。
・ぐっすり眠るためには、**夕方以降のカフェイン摂取は避ける。**カフェインの影響は、6〜7時間続く。
・**高タンパクの朝食を心がける。**そうすれば、体が動き出すために必要な栄養素を補給できる。
・第15項で説明したように、ベッドから出るときには、「今日はどんなことに感謝できるだろう?」「今日はどんな嬉しいことが待っているだろう?」など、**いくつか前向きなことを考える。**気分が前向きになるだけでなく、類が友を呼ぶように、次々と前向きな考えが浮かんでくる。
・**十分な時間の余裕を持って出勤する。**早く会社に着けば、落ち着いて仕事を始められる。
・どんな会社にもある**後ろ向きの会話には、できるだけ加わらないようにする。**
・**ニュースをチェックするなら、早めの時間帯を選ぶ。**不快感を寝るときまで引きずらないようにしよう。

これらの比較的簡単なライフスタイルの変化だけで、格段にエネルギーがあふれ、職場や家庭で快適に過ごせるようになるはずだ。

仕事を楽しむ行動ステップ

①現在の自分の典型的な一日のライフスタイルを振り返ってみよう。

②この項でのアドバイスを、すぐできることから実行していこう。

18 生涯を通じて学習を続けると決心する

happy @ work

どんな職業であれ成功している人々を調べれば、彼らが継続的に学習していて、熱心な読書家であることがわかるだろう。

わたしが今までに出会った成功者はみな、日常的に多くの本を読んでいる。彼らは継続的にさまざまなセミナーに参加しているが、セミナーでは新しい知識を得られるだけでなく、成功している人々に出会ってネットワークをつくることもできるのである。

世界中の最大かつ最も成功している企業の多くでは、社員が読書をするよう奨励している。これらの企業は、社員が自分の教養を高めることに励むほど、会社の業績も上がることを知っているのだ。成功する人生を送りたいなら、日常的にいい本を読む習慣をつけよう。

学校で学んだ知識は出発点にすぎないし、それがあなたを未来に連れて行ってくれることもない。**あなたが仕事でどこまでいけるか、どこまで高く昇れるかを決めるのは、10年前に学校で教わったことなどではなく、日常的な学習から得る知識なのだ。**これが、学校教育をわずかしか受けていないにもかかわらず、仕事でも人生でも大きな成功を収めている人がいる理由のひとつなのである。

今すぐ、一日に少なくとも10分から15分は本を読む決心をしよう。毎月本を1冊以上読もう。セミナーに参加したりポッドキャストを利用したりして継続的にスキルを磨こう。

仕事を楽しむ行動ステップ

①毎日、読書をする習慣をつけよう。

②自分の仕事のスキルに関するセミナーを探して参加しよう。

19 部下のいいところを見つけ出す

happy @ work

残念ながら多くの組織では、従業員が上司から何か言われるのは、ミスを犯したときだけだ。何か間違ったことをした部下を探して毎日を過ごしている管理職が多すぎる。彼らはそんな部下を見つけると、ネズミを追いかけている猫のように、その人間に飛びかかるのである。

そうすることで当面の問題は解決するかもしれないが、長期的には非常に不愉快な労働環境をつくりだすことになってしまう。

より幸せでより成果を上げられる人間になって会社でより速く出世したいなら、部下のいいところやうまくいっている点を見つけ出そうとすることだ。常に注意して部下をほめる機会を探そう。仕事をきちんとやっている人々を積極的に探して、他のメンバーの聞こえるところでほめることを習慣にしよう。

そうしたことが全社的に行われている企業は、士気が大いに高まるだけでなく生産性も向上している。**幸せな人間は不幸せな人間よりもいい業績を上げる。**単純なことだ。

事実を直視しよう。失敗したことを他人の前で叱責されたい人間なんていない。そのような叱責が常に行われると、組織全体のやる気が低下してしまう。

もちろん、ときどきは部下の行動を改めさせる必要が出てくる。しかしそれも、**単に名指しで非難してその人を責めたてるのではなく、どんなときでも他に誰もいないところで行うべきだ。**他のメンバーの前で批判や叱責をするのは、絶対にやめよう。そして、**さらに有効なのはコーチングを行うことだ。**

ほとんど毎日遅刻する部下がいるとする。多くの上司はその部下を叱り、これからは絶対に遅刻しないようにと言うだけだろう。それでは部下のやる気を向上させる役には大して立たない。

一方、コーチとして行動する上司なら、まずその部下に、何が遅刻の原因だと考えているのかを聞くだろう。これは問題に対する取り組みとしてはより建設的だ。行為そのものよりも、その行為の根底にある原因に注意を向けているからだ。

そうするとたとえば、その部下が子どもたちを学校に連れていかねばならず、30分程度出社時刻を遅らせられれば状況が改善することがわかるかもしれない。このような変更は、多くの場合、簡単にできるだろう。

どんな問題かにかかわらず、コーチとして振る舞える上司は状況に原因から取り組んでいるので、問題を改善できる可能性が高い。

過去には、従業員を叱責するのが業績を改善する方法だと考えられている時代があった。今の時代、そのような考えは正しくない。すでに述べたように間違いを犯したことで社員を非難するのは、もっとよく動くようにとコンピュータを棒で叩くようなものなのだ。自分のノートパソコンを棒で叩こうとは思わないだろう。それでもわたしたちは、同じことを部下に対してしがちなのである。

きちんと仕事をしている人を見つけ、そのことをほめる人として評判になる上司は、支援し評価する文化を部内に育て、社内でどんどん出世していくだろう。

現代の企業の多くは社員の能力開発と幸福のために費やされる時間と資源は利益に直結していることを理解している。あなたの最も重要な資産は部下なのだ。

仕事を楽しむ行動ステップ

①部下のいいところを積極的に見つけてほめよう。

②部下のミスは叱責するのではなくコーチングで改善しよう。

20 上司に対して恐れずに自分の意見を言う

happy @ work

20年以上も前のことだが、わたしはあるクライアント企業のオフィスで会議に出席していた。当時、わたしはマーケティングと広告の代理店を経営しており、クライアント企業の新しいハイテク製品を市場でどう位置づけるかについて会議で意見を述べるために招かれていたのだ。１９９０年代初頭の、ハイテクが爆発的に成長しようとしている、熱気に満ちた時代のことだ。

会議には、その会社の社長、経営陣、わたし、そして、そもそも新製品の発売を手伝うためにわたしを引っ張り込んだ友人のコンサルタント、ビルが出席していた。

社長は、最新の画期的製品をどう呼ぶかや、発売をどう進めていくのが最善かについて自分の考えを披露していた。

ビルとわたしにとって、どうしたらその製品をうまく市場に出せるか社長にはまったくわかっていないことも、もしも社長の提案を実施したら、決してうまくいかないことも明らかだった。しかし社長は、あれやこれやをどのように行うべきか、プロジェクトをどう実行するべきかについて延々と話し続けた。

会議室を見回すと、何人もの経営幹部が社長の考えに同意してうなずいているのが見えた。うなずいていないのは、ビルとわたしだけだった。振り返ってみると、他の出席者も社長の案がうまくいかないことはわかっていたのだと思うが、誰も率直に言わなかったのだ。社長に反対して職を失うことを恐れたか、たとえどんなにばかげていたとしても彼の意見に賛成することで、社長に気に入られたかっただけなのだろう。

社長の話が終わると、その企業にとって幸運なことに、ビルは反対意見を述べた。ビルはまず、自分はコンサルタントとして意見を述べることでお金をもらっているのだし、率直に言わなかったら会社をだますことになると言った。彼は言葉使いはていねいなものの、本質的には社長に、あなたが提案しているアイデアはうまくいかないだろうとはっきり告げたのである。それから彼は、理由を説明し始めた。

出席していた幹部たちの表情を、私は決して忘れないだろう。彼らには、会社の創業者であり最高責任者である社長に反対するほど大胆な人間がいるとは信じられなかったのだ。彼らはビルがコンサルタントをクビになって会議から放り出されるのを待っていたのではないかと私は思う。

しかしそれどころか、社長は笑顔になってビルが勇気を出して発言したことに感謝し、自分の案は失敗するだろうということに同意したのである。

成功している経営者なら自分も間違えることを知っているし、反対意見を述べたことであなたを尊敬するだろう。もちろん、反対意見を述べるときは相手に敬意を払うことを忘れないようにしよう。

トップの地位にいる人は誰も、組織内に大勢のイエスマンを抱えていたいわけではない。もしもそうだとしたら、その企業はまず間違いなく成功しないだろう。

ほとんどの場合、本物のリーダーは自分がときには間違えることを予期していて、間違えたときに社員が指摘してくれることを当てにしているのである。

上司に異議を唱えるのが組織の最善の利益になる状況に置かれていることに気づいたら、そうすべきだ。もちろん、可能ならこっそりとそうするのが一番いい。人前で間違いを正されるのが好きな人間なんていないし、したたかな経営者でさえそうだ。例外は、先ほど説明したようなトップレベルの経営会議のときで、この場合は、意見の不一致と激しい議論が期待されているのである。

企業はリーダー、すなわちたとえ上司に反対することになっても、それが組織の最善の利益になる限り自分の意見を進んで述べる人々を必要としている。

もしもあなたが仕事でより幸せになって、より成功したいなら、自分の意見を述べることを恐れてはいけない。もちろん、あなたもまた間違えることを忘れないようにしよう。

仕事を楽しむ行動ステップ

①上司に対して反対することになっても、組織にとって利益になると思ったら自分の意見を述べよう。

②自分も間違えることがあることは忘れないようにしよう。

第 3 章

エネルギーを高めて集中する

21 最高の自分を演出する服装を心がける

人生のどん底から立ち直ろうとしていた初期のころ、わたしに大きな衝撃を与え、ライフワークを見つけるきっかけとなったのがデニス・ウェイトレーの『勝利の心理学』というオーディオ・プログラムだった。

ウェイトレー博士はその中でポジティブなセルフイメージについて解説し、セルフイメージを高めるひとつのカギは「**常に最高の自分を演出する服装を心がける**」ことだと力説していた。こんなことは当然のように思えるかもしれないが、この練習は自信の度合いと自分が外界に対して映し出している姿に大きな影響を与えることがわかった。

たしかに「衣装が人をつくるわけではない」とか「本を表紙で判断するな」ということわざもあるけれど、実際にはその反対がたいてい真実である。わたしたちは人を外見で判断する傾向がある。また、出版業界にいる誰もが「本の表紙は出版に際して最も重要な要

happy @ work

素のひとつだ」と主張するはずだ。

人を外見で判断するのは浅薄な感じがするかもしれないが、わたしたちは意識的にも無意識的にもそうしている。**第一印象は大きな意味を持つのだ。相手が最初に気づくのはあなたの外見である。**それは人間の本性だから仕方がない。わたしたちは初対面から最初の30秒で相手についての意見を構築すると言われている。だから常に最高の自分を演出する服装を心がけることが重要なのだ。特に職場ではそうである。

自分の外見に合い、仕事に適したスタイリッシュな服を着よう。自分の外見に注意を払い、清潔でこざっぱりしたヘアスタイルを心がけよう。女性の場合、もし化粧をするなら、それが職場の環境にふさわしいかどうかを確認しよう。

数年前、わたしたち夫婦は地元の業者に家のリフォームを依頼した。担当者は手入れの行き届いた小型トラックに乗って現れ、アイロンのきいた清潔な服装をして、ユニフォームのシャツのポケットには会社のロゴの刺繍が入っていた。彼の外見から、自信にあふれたプロの業者というイメージが伝わったので、わたしたちは安心した。それ以来、彼は何度も家の修繕をしてくれた。わたしたちは家の修繕が必要なときはためらうことなく彼に頼むことにしている。

服装に投資しよう。ある生命保険の営業マンは高級スーツを買い、何度かそれを着ると中古品として通販で売っている。そうすることによって、常に新しい高級スーツを着て顧客に好印象を与えることができるという。人々が成功者と取引をしたがるというのは事実である。

最後に、有名なハリウッドのプロデューサー、ダリル・ザナックの言葉を肝に銘じよう。

「安っぽいスーツを着ている人と取引をしてはいけない」

仕事を楽しむ行動ステップ

①最高の自分に見えるような服装やヘアスタイルを研究しよう。

②服装にはそれなりのお金をかけよう。

22 すべては自分の仕事だという意識で行動する

happy @ work

わたしの職業生活において何よりも役に立ってきたことは、**やる必要のあることは、言われるのを待たずにやる**という生来の傾向である。

この性質がいつわたしに植えつけられたのかわからないが、思い出せるかぎりいつもこうだった。学校に通いながらパートタイムで働いていた10代のときから今に至るまで、これがわたしの自然な性向なのだ。そしてこの性質は、職業人生を通じて役立ってきた。

職場で次に何をすべきか誰かに言われるのを、ぶらぶらしながら待っている人があまりにも多い。一方、リーダーは率先して行動する必要がある。何をする必要があるのかを見極めて、責任を持ってその仕事を確実に完了させるのだ。**リーダーは、何をすべきか言われるのを待ったりしない。彼らは行動するのだ。**

権限を逸脱して、自分の好きなことをしろと言っているのではない。あなたの責任の範囲内で、期待されている以上のことをするように勧めているのである。

「それは私の仕事ではない」という態度は出世を妨げる。**会社で昇進したいなら、自分の仕事に責任を持ち、できる限り多くのことを自分の責任範囲に入れよう。**もちろん、仕事中毒になれと言っているわけではない。

リーダーとは、あらゆることがその人の職務の一部であるように行動し、要求されている職務をこなすだけでなく、会社にとってより価値ある人間になるための方法が他にもないか探すような人間のことだ。

わたしたちはリーダーを切実に必要としている。あなたがこのように率先して行動するなら、あなたの努力は上司から認められ、報われるだろう。一貫して期待を上回る人間は目に留まるものなのである。反対に怠け者も目に留まることは事実だ。

より幸福になりたい、自分の仕事をもっと楽しいものにしたい、そして会社で出世したいと望むなら、**自分の職務の範囲内かどうかにかかわらず、会社を改善できる方法を探す**

人間になろう。このような社員になることで、毎日の仕事がよりやりがいのある、楽しいものになるという効果も得られるだろう。

所属する部門を見回して、自分はどこで価値を加えられるか考える習慣をつけよう。自発的な人間になって、改善する方法を探そう。それは、誰か他の人がする前にポットにコーヒーを入れるというような単純なことでも構わないのだ。

長年、多くの企業を見てきて、わたしは気づいた。上級幹部になっている人々は、それをする必要があるというだけの理由で、最もつまらない仕事でもするのである。リーダーは、誰か他の人がするのを待ったりはしない。彼らは行動する。だからこそ彼らはリーダーなのだ。

もう何年も前のこと、妻のジョージアとわたしはサンフランシスコで休暇を取っていた。この街は、わたしたちお気に入りの旅行先なのだ。

当時サンフランシスコでも最高級のレストランとして有名だったアーニーズ・レストランで素晴らしい夕食を終えて帰ろうとしたのだが、近くにタクシーが1台もいない。あたりを見回したわたしは身なりのいい男性が入口のそばに立って予約台帳を調べているのに気づき、彼に近づいてタクシーを呼んでくれるか聞いた。彼は「もちろんです」と答えると、外に出て口笛を吹き、わたしたちをホテルまで運んでくれるタクシーを呼んできた。

わたしがタクシーに乗り込むと、ジョージアが笑っている。わたしは知らなかったのだが、タクシーを呼んでくれた男性は、このレストランのオーナーだったのである。わたしが彼にタクシーを呼ぶように頼んだことが妻には信じられなかったという。

しかしこのオーナーは、明らかに彼の「仕事」ではないにもかかわらず、顧客を助けることをためらったりはしなかったのである。

仕事を楽しむ行動ステップ

①会社にとって役立つことで自分ができることを何でもしよう。

②会社を改善する方法を常に探し、考えていよう。

23 うまくいっていることに集中する

happy @ work

わたしが非常に有効だと思い日常的に使っている重要な質問のひとつは、「何がうまくいっているか？」である。仕事であれ私生活であれ、どんな状況でもうまくいっている点を見つけ出すこの質問を使えば、あなたの創造力を引き出し、問題の大きさにかかわらずそれを解決することができる。

しかしわたしたちは逆のことをする傾向がある。たいてい、その状況で何がうまくいっていないのかを調べて、その観点からそれを解決しようとするのだ。問題と同じ考え方をしていながら有効な解決策を考え出せると期待することはできない。アルバート・アインシュタインが言ったように、「**その問題を生み出したのと同じ意識で問題を解決することはできない**」のだ。

うまくいっていないことから、うまくいっていることに焦点を移すことによって、あなたは目的を達成する新しい方法を見つけ出せるだろう。

このテクニックは、セールスチームに特に役に立つ。

通常の営業会議は次のように展開するだろう。

まず営業部長がこの四半期の売上が落ちていると告げ、「何が問題なのか」と質問する。出席している営業部員は成績不振に対するあらゆる種類の理由を考え始める。経済の状況（みんなのお気に入りの身代わり）、政府の規制、自分の健康、その他何であれ思いつくありとあらゆることのせいにして、「何が問題なのか」という気力を削ぐ質問に答えるのだ。

こうして会議の雰囲気が下降気味になる。会議が終わるころには全員が落ち込んで自分の席に戻るのだ。今日、彼らがいい成績を上げる可能性はどれくらいあるだろう？

一方、うまくいっている点を見つけ出す手法を取れば、営業部員はますます多くのうまくいっていることを見つけ出す。会話は建設的な雰囲気を保ち、部員は問題に対するクリエイティブな解決策を生み出し始めるだろう。

典型的な会議の形式に従い、あらゆるうまくいっていないことについて話し合うという、出席者全員からエネルギーを吸い取る以外には大して役に立たないことをするよりも、「何がうまくいっているか？」という質問をしよう。そうすればあなたは新しい、効果的で建設的かつ上向きの力を生み出し、それがさらに続いていくだろう。

これは、わたしがビジネスコーチングとコンサルティングのクライアントに対して使っている一連の質問の中でも最初にするものであり、また自分自身のビジネスに対して行っているものでもある。

この質問は10年間にわたって、クライアントの事業だけでなくわたし自身の事業にとっても、成長のための非常に価値あるツールであることが証明されている。

問題を無視するように勧めているわけではない。ただ、その影響を最小限にして、決してそれに会議の方向性を決定させないようにしようと提案しているのである。悪いところやうまくいっていないことを検討しようと思えば、いくらでも理由を見つけ出せる。しかし**マネジャーや経営者として、あなたは本当に売上が落ちている理由を気にしているのだろうか？　それとも事態を変えたいと望んでいるのだろうか？**

あなたが状況を変えるほうを望んでいると仮定すると、問題を調べるメリットはどこにあるのだろう？　うまくいっていることを特定し、いい点を見つけ出す質問を使うことによって、どの行動や活動が成功しているのかを知ることができるし、それをスタート台にして、売上を増やすために実際に効果のあることをさらに行っていけるだろう。

「何がうまくいっているか？」という質問をすることによって、価値の低い、採算の悪い活動に時間を使うのをやめ、すでに成功していることに努力を集中できるだろう。

仕事を楽しむ行動ステップ

①自分自身に対しても、部下や同僚に対しても「何がうまくいっているか？」という質問をしよう。

②うまくいっていることがわかったら、それに集中し、さらにうまくいきそうなことを増やしていこう。

24 付き合いにくい人ともうまくやっていく

happy @ work

あなたがどんなにいい人で、自分ではとても付き合いやすいタイプだと思っていても、なんらかの理由であなたを嫌っている人はどの組織にも必ずいるものだ。すべての人を嫌っているように見える人さえ、多くの会社に存在する。

あなたを嫌っている人を好きになる必要はないが、そういう人とでも協調して働かなければならないのはたしかである。ときには緊密に連携しなければならないこともあるだろう。あなたにはすべき仕事があり、それをやり遂げることが求められている。だから同僚とうまくやっていく方法を見つけなければならない。さもなければ緊張が高まり、組織の運営に支障をきたしかねない。

性格的に合わなくても、他人とうまくやっていく最善の方法のひとつは、敬意を持って相手と接することである。**あなたが相手のことをどう思っていようと、相手は敬意を払うに値する存在なのだ。人はみなそうである。**

もうひとつの方法は、付き合いにくい相手のいいところを探すことだ。それは必ずある。その人は仕事を上手に処理するか？　特定のスキルに長けているか？　表面的には不快な性格かもしれないが、**その人の本質を探ってみると意外な長所が見つかるものだ。私たちはみな人間であり、少なくともひとつくらいは長所を持っている。**

人が付き合いにくいときは、たいてい隠れた原因がある。そういう人は自分が嫌いで、それを周囲の人に投影していることが多い。状況を相手の視点から眺めるように努めると、相手の立場がよりよく理解できるものだ。

付き合いにくい人とうまくやっていくためには、相違点よりも共通点に意識を向けるといい。たとえば、同僚が古い映画のファンだと気づいたら、どんな古い映画が好きかとたずねよう。そうすれば、お互いに関心のある話題ができるし、一緒に働きやすい環境をつくるのに役立つ。さらに、その同僚に好感を抱くことができて驚くかもしれない。

時間をかけて付き合いにくい人をよく知っていけば、その人は内気なために友好的でないように見えるだけで、本当は誠実で親切な人であることがわかるかもしれない。

相手の言うことに耳を傾けよう。たいていの場合、相手は自分の言うことをよく聞いてほしいだけなのだ。**わたしたちはみな人間として認められたいと思っているから、機会さえあれば、お互いに人としてつながり、相違点を乗り越えて共通の利益のために力を合わせることができる。**

職場でより楽しく生産的に働きたいなら、性格的な部分よりも目の前の課題に意識を向けるように心がけ、相手に敬意を払うことを学ばなければならない。

仕事を楽しむ行動ステップ

①職場で付き合いにくい人に敬意を持って接し、長所を見よう。

②付き合いにくい人の話に耳を傾け、よく聞こう。

25 素早く決断をくだす

若き日のナポレオン・ヒル（成功哲学の大家）は鉄鋼王のアンドリュー・カーネギーを前にして、なぜ自分が世界有数の大富豪に呼び出されたのか不思議に思っていた。年老いたカーネギーは野心的なヒル青年に「頼みがあるのだが、興味はあるか？」とたずねた。全米で最も成功している人たちにインタビューをして、なぜそんなに成功したのかを聞き出してほしいというのだ。

さらにカーネギーは「それをするには20年ほどかかるが、その仕事に対してお金は払わない。ただ、会いたい人物には紹介状を書いてあげよう」と言った。そして1分以内に返答を求めた。

あなたならどうしただろうか？

ヒルは数秒間その申し出について考え、「お受けします」と答えた。その瞬間、カーネギー

happy @ work

は背中に隠し持っていたストップウォッチを見せた。ヒルが決断をくだすのにどのくらい時間がかかるかを計っていたのだ。もし時間がかかりすぎたら、カーネギーはその申し出を撤回していただろう。ヒルは人生を変えるような決断を瞬時にくだしたが、それはやがて大勢の人々の運命を変えることになった。

ヒルの仕事は『思考は現実化する』（きこ書房）という名著として結実した。一代で巨万の富を築き上げた人を他のどの本よりも多く生み出したとされる本である。

社会の各方面の成功者を研究すれば、誰もが素早く決断をくだし、その後でめったに心変わりしないことに気づくはずだ。ところが、あまりにも多くの人が、たとえ小さな決断をくだすときですら迷ってしまい、問題にぶつかるとすぐに心変わりをする。実際、素早く決断できないために、大勢の人が一世一代のチャンスをふいにしてきた。

より成功し、その結果としてより幸せになりたいなら、素早く決断をくだす習慣を身につけよう。だからといって、中途半端な情報をもとに決断をくだすべきだと言っているのではない。決断をくだす必要に迫られたら、手に入る情報をすべて集めよう。できることなら、信頼できる人とじっくり話し合うといいだろう。瞑想をしながら熟考し、それから決断をくだしてもいい。

しかし、いったん決断をくだしたら、すぐに適切な行動を起こそう。すでに言ったとおり、宇宙はスピードを好むのだ。

あなたがくだす決断はすべて正しいだろうか。たぶんそんなことはない。しかし、全力を尽くしてすべての可能な選択肢を検証し、賢明な人の意見を聞き、直感に従うなら、正しい決断をくだせる確率は飛躍的に高まるだろう。

仕事を楽しむ行動ステップ

①素早く決断をくだそう。ただし情報をできるだけ集め、信頼できる人に相談することも必要だ。

②いったん決断をくだしたら、すぐに行動を起こそう。

26 気分が沈んだら体を動かす

happy @ work

20年以上も前のことになるが、楽しい気分になるために最も役立つ名言のひとつを、アンソニー・ロビンズのセミナーで学んだ。ロビンズ氏は非常に有名なコーチで、著書の多くがベストセラーになっている。

それは、「体の動きは感情の動きに等しい」という言葉だ。

あなたが落ち込んでいたり少し気が滅入っていたりするなら、体を動かしてみるといい。

これが気分を変える最も即効性のある方法だ。

言うまでもないが、気分の落ち込みが一定期間続くなら、医者の診察を受けるべきだ。深刻な状態を軽視するつもりはない。しかしわたしたちのほとんどがときどき経験するのは、うつ病というよりは「あまりよくない」程度の気分だろう。

たぶんあなたも心と体の関係について聞いたことがあるだろうし、心身医学という新しい分野について知っているかもしれない。わたしたちの身体的な健康において心がどれくらい大きな役割を果たしているか、科学が明らかにしつつある。

ここで、体の動きは感情の動きと同じだという原理を実証してみよう。少しの間、落ち込んでいるフリをしよう。落ち込んでいるときのように座り、気が滅入っているときのようにひとりごとを言い、憂鬱なときのように頭を抱えてみよう。顔の表情はどうなっているだろう？

気分はどうだろう？　かなりひどい気分になり始めているのではないだろうか。今、あなたの精神的・感情的な状態は、あなたの生理機能と同調している。あなたが取っている姿勢とあなたのひとりごとが、あなたを落ち込んだ気分にさせているのだ。

幸運にも、その逆も正しい。ご機嫌で、人生のすべてが理想通りで、素晴らしい一日を過ごしているときのように座ってみよう。たぶん背筋を伸ばして真っすぐ座り、顔には満面の笑みを浮かべていることだろう。

今度人通りの多いところへ行ったら周りの人々を見回して、どんなふうに振る舞っているか注意してみよう。たいていは姿勢と顔の表情を見るだけで、どんな気分か当てられるだろう。

今度少し気分が沈んでいると感じたら、立ち上がって動き始めよう。散歩に行くのだ。職場の周りや会社が入っているビルの周りを歩くだけでもいい。向かうところ敵なしと感じていると想像してみよう。そのとき、どう振る舞っているだろう？　顔はどんな表情になっているだろうか？

これは単純に聞こえるかもしれないが、うまくいくので信じてほしい。うつ病患者に関する調査では、しばらく笑顔を浮かべて歩き回らせるというような簡単なことでも気分変動の発生が減少し、薬の必要性が減ることが明らかになっている。

わたしたちの心と体は密接不可分に結びついている。一方に影響を与えずに他方を変えることはできない。このことを理解して、この力を自分のためになるように利用する方法を編み出せば、自分の気分をもっとコントロールできるようになるだろう。

興味深いことに心の健康の指標のひとつは、自分の人生と周囲の環境をどれだけコントロールできていると感じているかである。気分をよくする方法を学ぶことは、人生をよりよくコントロールしていると感じるのに大いに役立つだろう。

仕事を楽しむ行動ステップ

①落ち込んでいるときと気分のいいとき、自分の表情や振る舞いがどう変わるか、試してみよう。

②気分がよくないときは、歩き回るなど体を動かしてみよう。

27 今すぐ幸福になると決める

happy @ work

アメリカの著名な自己啓発書作家ウエイン・ダイアー博士は、「幸福に至る道はない。幸福が道なのである」と書いている。この考えは、仕事であれ私生活であれ、より幸福になるための秘訣だ。

より幸福になる方法は、単に幸福でいることだ。あなたを幸福にすることを見つけて、それをしよう。あなたの思考をコントロールして、いい気分になれることだけをじっくり考えるのだ。

わたしは幸福というテーマの専門家だと考えられているらしく、マスコミのインタビューで、「なぜ人々は、特に仕事をする上で、もっと幸福になれないのか？」という質問を何度も受けてきた。

これはわたしのお気に入りの質問のひとつになっている。なぜなら、少なくともわたしにとっては答えが極めて明白だからだ。多くの人が仕事をする上でもっと幸福になれない主な理由のひとつは、単に彼らが時間を割いて、自分を幸福にするのは何かを自問したことがないからなのである。

それどころか多くの人々が、感謝の気持ちを持てることよりも、仕事で嫌なことや問題だと見なすことに意識を集中するほうを選んでいる。**日常生活の中に感謝の気持ちを持てる理由を見つけ出すのは、より幸福になる一番の近道のひとつだ。**

自分自身についてよりよい気分になるもうひとつの方法は、他の人のために何かすることだ。たいていの人は仲間を助けているときにより幸福に感じると報告しているし、いくつもの調査が、ボランティア活動は全般的な健康水準だけでなく幸福の水準をも引き上げることを示している。それにもちろん、ボランティア活動に携わることは自分の気分がよくなるのに役立つだけでなく、あなたが社会に貢献することにもなる。

単純化しすぎているように聞こえるかもしれないことはわかっているが、本当なのだ。わたしたちは自分の幸福を増大させる活動や態度や行動が何かを突きとめるように教えら

郵便はがき

料金受取人払郵便

麹町局承認

176

差出有効期間
平成29年3月10日
(切手不要)

102-8790

209

東京都千代田区平河町2−16−1
平河町森タワー11F

Discover
ディスカヴァー
行

1645　happy@work情熱的に仕事を楽しむ60の方法　愛読者カード

◆ 本書をお求めいただきありがとうございます。ご返信いただいた方の中から、抽選で毎月５名様にオリジナル賞品をプレゼント！
◆ メールアドレスをご記入いただいた方には、新刊情報やイベント情報のメールマガジンをお届けいたします。

フリガナ お名前	男 女	西暦　年　月　日生　歳
E-mail　@		
ご住所　（〒　ー　） 都道府県　市区郡 電話　（　）		
ご職業　１ 会社員　２ 公務員　３ 自営業　４ 経営者 ５ 専業主婦・主夫 ６ 学生（小・中・高・大・その他）７ パート・アルバイト　８ その他（　）		
本書をどこで購入されましたか？　書店名：		
本書についてのご意見・ご感想をおきかせください		

ご意見ご感想は小社のWebサイトからも送信いただけます。http://www.d21.co.jp/contact/personal
ご感想を匿名で広告等に掲載させていただくことがございます。ご了承ください。
なお、いただいた情報が上記の小社の目的以外に使用されることはありません。

このハガキで小社の書籍をご注文いただけます。
・個人の方：ご注文頂いた書籍は、ブックサービス（株）より１週間前後でお届けいたします。
代金は「税込価格＋手数料」をお届けの際にお支払いください。
（手数料は、税込価格が合計で１５００円未満の場合は５３０円、以上の場合は２３０円です）
・法人の方：30冊以上で特別割引をご用意しております。お電話でお問い合わせください。

◇ご注文はこちらにお願いします◇

ご注文の書籍名	本体価格	冊数

電話：03-3237-8321　FAX：03-3237-8323　URL：http://www.d21.co.jp

れていないし、それどころかまったくのなりゆき任せにしている。

わたしたちはマスコミに洗脳されて、幸福になるためには、仕事で（たいていは誰か他の人によって決められた）一定水準の成功を収めなければならないと信じている。他の人より抜きん出たいと思うことには何の問題もないものの、出世だけでは幸せになれない。このことは、わたしたちの社会には非常に成功しているのに不幸な人が大勢いることを見れば明らかだ。

これは、わたしが苦労して学ばなければならなかった教訓のひとつだ。わたしは財産をほとんどすべて失って初めて、幸福とはいつでも自分で自由に選べるものであることを理解したのである。

幸運にもわたしはその後、より多くの財産を得ることができたし、執着せずにそれらを楽しむこともできる。素敵な物をほしがることに悪いことは何もないが、それは単なる「モノ」で、ほんのつかの間いい気分にしてくれるにすぎないということを理解していなければならない。

時間を割いて、あなたの幸福を増やしてくれる考え、経験、活動、および状況を見極めて、それらをもっと自分の生活に取り入れる方法を見つけ出そう。何があなたを幸福にするのかについて考え、より幸福に感じられる方法を探すのだ。その最も簡単で最もいい方法は、感謝できるものを探すことである。

不幸はたいてい自己憐憫の感情と結びついているので、感謝している状態と自己憐憫は同時には起こりえない。だからあなたが感謝しているものに関心を集中させているときには、無意識のうちに、より幸せに感じるようになるのだ。

仕事を楽しむ行動ステップ

①仕事をする上で、何が自分を幸福にするのかを考えてみよう。
②感謝できるものを探し、他の人のために何かしよう。

28 自分と会社の価値を高め続ける

happy @ work

あなたが新入社員であっても、管理職あるいは執行役員、取締役、あるいは最高経営責任者（CEO）であっても、これだけは頭に入れておいてもらいたい。**いまや、「これで十分だ」はもはや十分だとは言えなくなっているのである。**

21世紀の職場では、熾烈なグローバル競争とスキルは十分にありながら職についていない人々が大勢いるせいで、かつては基準を満たしていると考えられていた程度では、もはや職を得られなくなっている。仕事で他の人より抜きん出たいと思うなら、自分の基準を引き上げる必要がある。並外れて優れた人間になる必要があるのだ。

周りを見回してみよう。大成功を収めている企業は並外れたやり方で事業を行っている。アップルがすぐに思い浮かぶが、それは特にわたしが筋金入りのマックユーザーで、長年にわたるアップルのファンだからだ。
アップルを偉大な企業にした理由のひとつが洗練された製品にあることは、使ったことのある人なら誰でもわかるだろう。故スティーブ・ジョブズはエレガントで使いやすいデザインにすることを主張した。技術が重視されていた時代に、アップルはユーザーが楽しめる、使いやすい製品を設計したのである。その結果、アップル製品のユーザーたちは伝道師となり、耳を傾ける人には誰にでもアップル賛歌を唱えるようになった。

あなた自身の基準を引き上げて自分の会社の価値を高めるために、あなたには何ができるだろう？　**ひとつの方法は、常に自分の課題として、「このやり方はどう改善できるだろう？」とか「さらにいいサービスを提供するために、自分たちには何ができるだろう？」と考えてみることである。**

自分自身と会社の基準を上げ続けていけば、あなたは会社にとってより価値のある社員になる（あなたが経営者なら、自社をより成功させる）だけでなく、その過程で仕事をより楽しむこともできるだろう。わたしたちは、慣れ親しんだことよりも新しく挑戦することによって、より多くの楽しみを得ることができるのだから。

仕事を楽しむ行動ステップ

①自分の基準を引き上げて会社の価値を高める努力をしよう。

②今の仕事のプロセス、商品、サービスを改善するにはどうしたらよいか、常に考え続けよう。

29 水を飲む

最近カイロプラクターの友人が、初診患者の大半が脱水状態にあるとフェイスブックに投稿していた。背中の痛みの根本原因は脱水だといわれている。他に何人ものカイロプラクターからも聞いているのだが、背中の痛みのほとんどは、もっと水を飲むことで治ってしまうという。

残念ながらほとんどの人は純粋な水をほんのわずかしか飲んでいないようだ。これは痛みの原因になるだけでなく、胃腸の異常を含む他の多くの問題の原因にもなっている。ダイエットでも、一日にコップ8杯から10杯の水を飲むように推奨されることが多い。コーラなどの清涼飲料やコーヒー、お茶ではなく、ただの水を飲むことが大切なのだ。

確実に十分な量の水を摂取するために、できることがいくつかある。手始めに、朝一番

happy
@
work

に大きなコップ1杯の水を飲む習慣をつけよう。新鮮なレモンを一切れ入れると、肝臓のデトックスに役立つという効果も得られる。

職場では手の届くところにコップ1杯かボトル1本の水を置いておくことを習慣にして、一日中少しずつ飲もう。わたしの同業者で成功哲学の権威であるジャック・キャンフィールドは、毎朝アシスタントに水のボトルを8本、机の上に置かせて、全部飲み終えるまでは家に帰らないそうだ。

脱水は危険で、身体機能の多くに影響を与え、深刻な病気を引き起こす可能性がある。あなたは純粋な水を毎日どれくらい飲んでいるだろう？　今の状況を改善するために、何ができるだろう？

仕事を楽しむ行動ステップ

①自分が水を十分に飲んでいるかどうか振り返ってみよう。

②水を手の届くところに置いて、一日中少しずつ飲む習慣をつけよう。

30 うわさ話を絶対にしない

happy @ work

オフィスや店舗、工場など、人々が集まって働く場所では、どんな理由であれ、同僚のうわさ話をすることを最大の楽しみにしている人たちがたくさんいるものだ。

うわさ話は職場の人間関係を台無しにし、士気を下げ、職場環境を悪化させ、優秀な人材の流出にすらつながりかねない。うわさ話を広めることはその対象となる人の評判をおとしめるだけでなく、それをしている本人にとっても有害である。

なぜ人々がうわさ話に興じるのかは完全にはわからないが、おそらくそれは彼らの自尊心の不足に関係がある。それと、自分の人生があまりにもつまらないから、他人をけなして憂さ晴らしをしようという心理も働いているのかもしれない。

うわさ話に関するわたしの提案は単純明快。それをするな。うわさ話に興じることを拒

否し、うわさ話を人生の使命にしているような人と一緒に過ごしてはいけない。あなたは同僚のうわさ話を広める人という悪評を立てられたくないはずだ。

もし自分がうわさ話の標的になったらどうするか。誰かがあなたについてうわさ話をしているなら、その人と一対一で話し合うべきだ。その人に対してできるだけ冷静に、自分についての虚偽のうわさを広めることを認めないと告げるといい。もしそれを続けるなら、上司に相談することになると言おう。そして、もし実際にそうなれば、言ったことを実行すればいい。

もし同僚が誰かのうわさ話をしているのを耳にしたら、そんなことには興味がないとはっきりと言い、自分の仕事に専念しよう。

うわさ話をすることは組織人として最悪の行為のひとつなのだ。

仕事を楽しむ行動ステップ

①自分がうわさ話をしないのはもちろん、うわさ話をする人と一緒に過ごさない。

②うわさ話をされていたら、その人と一対一で話し合おう。

第 4 章

前向きに考えて成功を目指す

31 自分の仕事に責任を持つ

わたしの職業人生を通じて役立ってきた習慣のひとつは、何であれ私が就いている仕事や行っている作業に責任を持つことである。

この性格はわたしが幼いころに染みついたもので、今までに成し遂げた成功の多くはそのおかげだ。レストランでのテーブルの後片づけという、10代でした初めてのアルバイトから現在の作家・講演者およびトレーナーとしての役割まで、この習慣は、常に可能な限り最高の仕事をするのに役立ってきた。

責任を持つことによって、あなたは自分の仕事に最善を尽くす気になるだろう。従業員に権限を与えて彼らが自分の仕事の結果に責任を持てるようにすると業績が上がることを、多くの企業が理解している。

happy @ work

もしあなたが勤めている会社のオーナーだったとしたら、自分の仕事にどう取り組むだろう？　今とはどう違うだろうか？　さっさと片付けようと手を抜くだろうか？　たぶん、違うだろう。最善を尽くして、自分の成果に誇りを持とうとするのではないか？

あなたの責任範囲に関しては、あなたがあなたの仕事のオーナーなのだ。仕事をどうやるかには、あなたの人間性が反映される。だから、いつでもできるかぎり最高の仕事をする習慣をつけよう。

何かする必要のあることに気づいたら、すぐにそれをしよう。それに対処する必要があると誰かに言われるまで待っていてはいけない。自発性を発揮して、行動するのだ。**対応が必要な状況や意思決定が必要な状況が発生したら、対応し、決定しよう。**

ささいな問題が起こっただけで、何をすべきか命令してくれる人を探す人たちを見たことがあるだろう。こういう人たちは残念ながら自発性が欠けているために、現在のレベルから昇進することは期待できない。彼らは、自分が意思決定を行って何か問題が起きたときに非難されるのを恐れているのだ。

それはリーダーとしての能力の欠如を示している。**リーダーは、決定するというリスクを進んで取り、その結果に全面的に責任を持つものだ。**彼らは常に正しいだろうか？　もちろんそんなことはない。しかし、常に正しい必要はないのである。
もちろん、大きな問題なら、上司に持っていく必要がある。しかし日常的な小さな問題を自分で処理すればするほど、リーダーとしての能力が認められて、会社で昇進する可能性が高まるだろう。

仕事を楽しむ行動ステップ

①自分の仕事に最善を尽くそう。

②自分の責任範囲の問題に対応し、意思決定し、結果には全面的に責任を持とう。

32

いい習慣を身につける

happy @ work

習慣とは、繰り返し行ううちに何も考えなくてもできるようになるものをいう。習慣には、あなたが目指す生き方に向かって後押ししてくれる生産的な習慣と、目指す生き方から遠ざけてしまう破壊的な習慣がある。

いい習慣のいくつかをわたしたちはごく幼いころに身につけ、それが今でも役立っている。たとえば歯磨きや入浴など体の清潔を守る活動を、わたしたちは何も考えずにやっている。

自分の習慣を振り返ってみれば、変えたいと思っている習慣の多くが幼いころに身についたものだとわかって驚くかもしれない。

糖分の多い食べ物が好きだとしたら、それはおそらく子どものときからの傾向だろう。

大人になった今、あなたは社員食堂に行って体にいい食事をするかわりに、コンビニで甘いものを買ってきて済ませてしまう。「忙しくて食事をとる時間がない」とあなたは自分に言い訳するが、不健康な昼食のせいであなたの生産性は落ちている。ジャンクフードは生産性を落とすばかりか、肥満の主な要因にもなっているのは言うまでもない。

わたしたちはときどき、気持ちを奮い立たせて、特定の行動を習慣になるまで一定期間やってみる必要がある。新しい習慣が根づくまでにはおよそ3〜4週間かかる。わたしの場合、運動は最初の数カ月間自分のお尻を叩かないとできなかった。今では定期的にジムに行かないと物足りない気分になる。

新しい習慣を身につける時間をとろう。奇跡が起きる前にやめてはいけない。

仕事を楽しむ行動ステップ

①あなたの目標に向かって後押ししてくれるような習慣をリストアップしよう。

②その習慣を身につけるまで、続けてみよう。

33 悪い思い込みをいい思い込みに置き換える

思い込みはわたしが好んで取り上げるテーマのひとつだ。人が人生で望むものをすべて手に入れることができずにいるのはたいていの場合、自分について、自分の能力について、自分が生きている世界についての思い込みのせいである。あなたが今していること、これまでに達成したこと、これから達成することはすべて、あなたの思い込みに支配されている。

■思い込みはどこから来るのか？

思い込みとは、簡単に言えば、あなたがこれまでの人生で自分自身に言い聞かせてきたことである。思い込みは幼いときに始まる。何かに初めて挑戦して失敗すると、わたしたちは自分はダメだとレッテルを貼ってしまう。

happy @ work

たとえばわたしが10歳か12歳でバスケットボールに挑戦し、年齢と体の大きさのせいであまりうまくプレイできなかったとしたら、自分には一生バスケットボールは無理だと思い込んでいたかもしれない。しかし現実にはそうではなかったかもしれない。思い込みが当たっていることはめったにないからだ。

もっと一般的な例をあげてみよう。ある人が自分のビジネスを立ち上げたが、うまくいかなかった。その人は自分は事業に向いていないのだと思い込み、二度と挑戦しなかった。これは実に残念なことだ。今成功している実業家のほとんど全員が、失敗をたくさん経験しているのだから。**違いは、失敗をどう受け止めてそこからどんな思い込みを持つようになるかである。**ある人はビジネスの失敗を自分が実業家として成功できないしるしと見るが、別の人は失敗を一時的な挫折ととらえて学習体験にする。

■他人の思い込みに影響されるな

思い込みをめぐる話でわたしがよく引き合いに出すのは、数年前の自分自身の体験である。中小企業のオーナー向けの出版物を創刊したときのことだ。中小企業のオーナーにビジネスに役立つ情報を提供する地域誌の必要性を感じ、実行に移したのだった。

実のところ雑誌出版についての知識も経験も豊富ではなかったが、スタートするだけの知識はあったし、わたしは自分の勘を信じていた。わたしは地元紙に広告営業を担当する営業担当者の募集広告を出し、何人かを面接した。

創刊号を発行した翌日、面接したうちの一人から電話があった。彼は週刊新聞の広告営業をやっていた人物だったが、わたしに成功を祈りますと言いつつ、現職を辞めないことにしたと言った。

面接をしたのは6月の初めで、この電話があったのは9月の第一週だった。創刊号は広告主に約束したとおり、レイバーデイ（9月の第1月曜日）に間に合うように出していた。

「どうやったんですか？」と彼は言った。

「どうやったって、何をです？」

「この雑誌をどうやってこんなに早く出したんですか？　面接していただいたのはたった3カ月前でしたよね？　しかもまだ手をつけたばかりだったでしょう」

わたしは一瞬考えて、相手に本当のことを話した。雑誌を出版するのにどのくらい時間がかかるものかなどまったく知らなかったのだ。雑誌の創刊に要する時間についての思い込みが私にはなかった。彼は雑誌の創刊には最低でも6カ月かかるのだと教えてくれた。

だがそれは事実ではなかった。彼の思い込みだったにすぎない。

わたしは経験がなかったおかげでそのような思い込みを持っていなかった。わたしは2カ月で雑誌を出した。他人の思い込みにあなたの成功の邪魔をさせてはいけない。

■思い込みが結果を左右する

思い込みがどのように結果を左右するのか、もう少しくわしく見てみよう。人間には無限の可能性がある、ということにほとんどの人は異論はないだろう。それならなぜ、わたしたちがなしとげたことにそれが実証されていないのだろうか。

ここに思い込みが作用している。あなたが出す結果はあなたがとった行動で決まる。問題は、わたしたちのほとんどが、特定のタスクをやりとげる自分の能力について限定的な思い込みを持っていることだ。自分の可能性のほんのわずかしか生かせず、限られた行動しかとらず、だから凡庸な結果しか出せないのだ。

この原則の実例をあげてみよう。たとえば、会社の新しいコンピュータシステムを覚えようとしてあきらめてしまう秘書。自分には新しい技術など覚えられないと思い込んでいるからだ。あるいは、営業訪問で積極的に攻めきれずこの仕事は自分には向かないと決めつけ、転職してしまう営業パーソン。実は、営業で成功する能力を自分自身がたかがしれていると思い込んでいたことこそ、弱気な行動をもたらした原因なのだ。

どんな組織でもトップ営業パーソンをインタビューしてみれば、成功を邪魔するような思い込みを努力して克服したことがわかるだろう。

さいわい、逆もまた真なりである。**腰をすえて取り組めば何でもできるという思い込みを作り上げれば、あなたは無限の可能性を生かし、効果的な行動をとり、これまでよりも優れた結果を生み出すだろう。**この原則の実例として、乗り越えられそうもない障害を克服して夢をかなえた人々の物語をわたしはいくらでもあげられる。

その一人が、女性向けアクセサリーブランドとして大成功した「スパンクス」の創業者、サラ・ブレイクリーだ。彼女は父親から、失敗は成功に至るプロセスの一部にすぎない、だから恐れるに足らないと教え込まれていた。この心にしっかり植え付けられた、力をくれる思い込みのおかげで、ブレイクリーはパンティストッキング業界に地歩を築き、アメリカ史上最年少の女性億万長者となることができたのだ。

■可能性を狭めている思い込みを知り、前向きな思い込みに置き換える

あなたの可能性を狭めている思い込みを知りたければ、特定の分野に関する自分の能力についてあなた自身が何と言っているか、意識してみるといい。たとえば、売上を伸ばすのに苦労している場合、あなたはこんなことを言っているかもしれない。「〇〇だから売上を伸ばせない」と。〇〇に入る部分が、あなたの可能性を限定している思い込みだ。

「出世できないのは人の管理が苦手だから」そんなセリフを聞くことがあるだろう。これはもちろん本当ではない。単なる思い込みだ。優秀な管理職は生まれながらに優秀なわけではない。彼らは人の管理のしかたをあとから身につけたのだ。

自分の成功の邪魔をしている思い込みを知って修正すべきだ。一つの方法は、思い込みについて単純に疑問を持ってみることである。**あなたの思い込みは本当のことなのか、それとも他人に言われたことなのかを自分に聞いてみよう。**おそらく本当のことではないはずだ。疑問をぶつけてみることで、思い込みによる金縛り状態が解けてくる。

自分の可能性を限定する思い込みを壊し始めると、そのかわりに新しい、力をもらえるような思い込みを作りたくなる。

わたしが特に気に入っているひとつのテクニックは、『引き寄せの法則』（講談社）の著者マイケル・ロオジエに教わったものだ。彼は「私は○○の途中にいる」という言葉を唱えることを提案している。○○に入るのが新しい自分の宣言だ。

たとえば、営業パーソンとして力を伸ばしたければ、「私は会社でトップ営業になる途中にいる」と言うのである。

あなたの可能性を狭める思い込みに疑問を持ち、もっと力をもらえるような思い込みに置き換えると、可能性を狭める思い込みは崩れ始め、しばらくすれば、理想の人生の邪魔をしなくなるはずだ。

仕事を楽しむ行動ステップ

①なりたい自分になる邪魔をしている思い込みを3つか4つリストアップしよう。

②次に、それぞれの思い込みに反論し、なりたい自分に近づけるような新しい思い込みをつくろう。

34 自己啓発書を毎日読む

著名なコンサルタントでありセミナー講師、自己啓発書作家でもあるブライアン・トレーシーがこう言っていた。

彼は社員の採用面接をするとき、まず「最近あなたが読んだ自己啓発書は何ですか？」と質問するそうだ。何と答えるかで、面接時間の長さと候補者の合否がおおかた決まるのではないかとわたしは思う。

いい仕事を見つけるのが日ごとに難しくなっていく昨今、この質問は一考に値する。自分が読んでいる本をなぜ他人が、それも応募先の企業が気にするのかと不思議に思うかもしれない。だがわたしからすれば自明のことだ。**職業人としての成長に関心がない人に、自分の会社の顔になってほしいと思うだろうか？**

事実、多くの成功者が自分を成長させるための情報を読んだり聞いたりすることを習慣

happy @ work

にしている。何年も前に、あるオーディオ教材会社が顧客調査を行い、その会社の教材を聴いたことにドルにしてどれだけの価値があったと思うかとたずねた。回答者がつけた平均金額は、なんと18万ドル（約2000万円）だった。

何年も前、史上最悪の自動車不況のまっただなかで、車の営業をしていたわたしの友人は収入を15パーセントもアップさせた。彼がしたのはたったひとつ、出勤前に15～20分間、自己啓発書を読む習慣を始めたことだった。

残念なことにほとんどの人は、学校を卒業するとまったく本を読まなくなる。2013年9月に行われた『ハフィントン・ポスト』とアメリカ政府の世論調査によれば、アメリカ国民の3分の1が過去1年間に1冊も本を読んでいなかった。韓国では、2006年にタバコに使われた金額のほうが本に使われた金額より多かった。

わたしの人生の上向きの変化は、毎日どれだけ読み、聴いたかに正比例すると実感している。今でも、調子がもうひとつ上がらないと感じるのはたいてい、自己啓発の習慣をさぼっていたときだ。

これまでにたくさんの良書が出版され、現在も続々と発売されている。もちろんあなたがまず手に取るのがわたしの著書であってくれれば言うことはないが、何にせよ、**あなたの精神を成長させ、世の中に対して前向きな姿勢を保つ支えとなるような本を選んでほしい。**

自己啓発を日課にしよう。そうすれば、それが今よりも幸せで成功する人生の秘訣のひとつであることがわかるはずだ。わたしの実感である。

仕事を楽しむ行動ステップ

①自分の成長に役立つ自己啓発書を選び、読もう。

②そして、自己啓発書を読むことを毎日続ける習慣にしよう。

35 いいことにも悪いことにも終わりが来ることを忘れない

happy @ work

マイクはわたしたち友人の間で「アイアン・マイク」の異名で知られていた。タフな男だからというより、鉄鋼業界で働いていたからだ。わたし自身の家系がそうであったように、アイルランド系の労働者階級で、保守的なブルーカラーだった。年季の入った大酒飲み。もちろん、タフな男でもあった。

彼のことでいちばんよく覚えているのは、わたしたちの仲間の輪に新入りが入ると、いつも真っ先に握手の手を差し出して歓迎していたことだ。そしてもうひとつ、誰かが「これもいつかは終わるよ」と言ったときの彼のおきまりのセリフだ。「そうとも」マイクは大声を響かせて言ったものだ。

「いいことも終わる、悪いことも終わる、いずれはお前さんもいなくなる」

あなたの人生で何が起ころうと――いいことも、それほどよくないことも――一日が終わって夜が来るように、必ず終わりが来る。**今がつらい時期なら、ふんばろう。いずれは終わる。同じように、今が絶好調でもやはり終わりは来る。人生に好不調があるのは自然の摂理なのだ。**

厳しい状況を乗り越えるいいお手本を、わたしは自然界から学んだ。自然界にあるものはすべて、流れに逆らうのではなく身をまかせることによって生き抜いている。

今あなたの人生で何が起きていても、それが苦しいことであればなおさら、流れに身をゆだねよう。波を乗りこなすサーファーのように、起きている変化の波を乗りこなすのだ。人生の好不調に素直に従って歩んでいこう。何事にも終わりが来ることを忘れずに。

仕事を楽しむ行動ステップ

①人生には好不調がある。いいことも悪いこともいずれは終わることを覚えておこう。

②今が苦しい状況でも、流れに身をまかせて、終わるのを待とう。

36 現在抱えている問題とは違う新しいストーリーをつくる

happy @ work

わたしは世界各国からメールをよくもらう。わたしの著書を読んだり、わたしが吹き込んだオーディオ講座や出演したビデオ講座を聴講したりした人たちからのものだ。

その多くが、「自分の状況を好転させるにはどうしたらいいでしょう？」という相談のメールである。仕事柄そういうメールが来るのは当然なのだが、困ったなと思うのは、ほぼ全員が「今の状況」ばかりをつづっている点である。

彼らは同じストーリーを繰り返し語ることで、いっそう深みにはまってしまっている。彼らにかぎらずそういう人は多い。残念ながらそのストーリーは彼らが望まない状況そのものなのだ。

同じストーリーを語り続けているうちは、状況は変わらないと思ったほうがいい。**人生を好転させたければ、自分自身に新しいストーリーを聞かせなければならない。**あなたにできる最善の策は、問題について語るのをやめることだ。

仕事の状況はたしかに厳しいかもしれない。しかし、そんな話ばかりして被害者意識を持ったままでは、問題を大きくするだけで何にもならない。売上を伸ばしたいにせよ、ビジネスを成長させたいにせよ、そこには「引き寄せの法則」が働いているのだ。

聖書の「人は心で思っているとおりの人になる」という言葉と同じことは、あらゆる宗教で言われている。わたしたちは心で思っていることを引き寄せる。そういうものなのだ。これは厳然たる事実である。「不況だから売れない」などと言い続けているかぎり、奇跡的に事態が変わると思ってはいけない。

望まないことではなく望むことについて語るくせをつけるべきだ。あなたの仕事と人生について新たなストーリーを描こう。日々、物事がどのように好転していくかを自分に語りかけよう。

今の時点ではささやかでも、自分にあるもの、感謝しているもの、人生でうまくいっていることに意識を向けられるようになろう。

毎日、こうありたいと望む人生を思い描く時間をとろう。五感を総動員するのだ。あなたが営業なら、人々がぜひともあなたから買おうとする光景をまぶたに浮かべよう。取引がどう拡大していくか、新しいストーリーを想像しよう。新しいお客様と握手している自分を心に描こう。成功がどれほど気分のいいものかを体験しよう。

やりたい仕事があるなら、その理想の職業に就き、仕事を楽しみ感謝されている自分を想像するところから始めよう。もちろんそこで終わってはいけない。積極的に動いてこそ人生だ。望む人生を思い描いたら、それに近づくための行動を起こそう。最初の一歩が今はどれほど小さく見えても。

起業したい、あるいはビジネスを拡大したいなら、どれだけ動かしがたく見えても障害に目を向けるのではなく、サービスを提供できる方法を探そう。地域社会、国全体、世界全体の役に立てる方法が見つかれば、お金を稼げる方法も見えてくるはずだ。先に儲かる方法を考えて成功した人をわたしは知らない。経済的成功は、世の中に価値をもたらすことをした結果としてついてくるものにすぎない。

あなたの新しい人生のストーリーを今から書こう。紙に書き、体で演じ、目で見て、五感で感じて、それに向かって動こう。

わたしの著書の一冊のタイトルどおりだ。
「何をぼやぼやしているのか？　あなたの人生だよ（What Are You Waiting For? It's Your Life)」

仕事を楽しむ行動ステップ

①いま抱えている問題について語るのはやめよう。

②こうありたいと望む状態について思い描き、語り、行動を起こそう。

37 成功のモデルを見つけ、その人の真似をする

わたしは長年、わたしが目標とすることをなしとげた人々を研究するようにしている。健康、体力づくり、ビジネス、人間関係まで、**ある成果を出したいと思ったら、それを達成した人を探して同じことをしようと心がけているのだ。**

この考え方をモデリングというが、仕事や私生活のどの分野でもパフォーマンスを上げるのに簡単かつ有効な方法で、誰でも使える戦略である。

特定の分野であなたの求める成果を出している人を見つけて、その人が何をやっているか、どうやっているかを学ぶだけでいい。できれば実際に会って教えを請おう。たとえば同じ会社でトップの成績を上げている人にインタビューして、その人が何をしているかを知る。あとはその人の真似をすればいいのだ。

happy @ work

あなたが営業の仕事をしているなら、トップ営業マンの考え方と戦略をモデリングすると、自分の仕事について新しいアイデアが湧くようになる。断言するが、あなたの会社で平均の10倍稼ぐ営業マンは人の10倍働いているわけではない。その人は他人とは違う考え方と指針を持って仕事に取り組み、違う戦略を用い、違う行動をとっているのだ。

可能なら、社内のトップ営業マンをコーヒーかランチに誘い、アドバイスを求めよう。わたしの知っている成功者はたいてい、喜んでアイデアを教えてくれる。人に教えることで自分自身の理解が深まり、新たな洞察が得られるからだ。

モデリングによってあなたの私生活も仕事も大きな恩恵を受けられるはずだ。あなたが目指すものを達成した人に学ぶことで、自分ひとりで取り組むより学習期間が一足飛びに縮まり、成功にぐっと近づける。覚えておいてほしい。成功はチームスポーツだ。ひとりでは果たせない。

わたしは駆け出しの作家だったとき、売れる本を出すことに成功した人々の講演録を聴いた。仕事であれプライベートであれ、何をなしとげたいにせよ、学びの対象とするロールモデルを見つけることが、成功するためにあなたにできる最善の策である。

あなたの第一目標を見極め、その分野で成功し助けてくれそうな人に目星をつけよう。直接の知り合いがいなくても、あなたが取り組んでいることをなしとげた人の書いた本ならたいてい見つかるはずだ。ビデオを見たりセミナーに参加したりすることもできる。自分の分野の業界団体に加入してもいいだろう。業界団体にはプロ養成研修があるはずだし、ベテラン会員によるメンター制度を設けているところもある。

仕事のできる人はできない人よりも全体的に満足度が高いというのは周知の事実だ。得意なことは当然ながらやっていて楽しい。だから自分のやっていることで腕を上げれば、幸福度が高まる。仕事の評価も高まるのは言うまでもない。

仕事を楽しむ行動ステップ

①自分が求める成果を出している人を見つけ、その人から学ぼう。

②直接の知り合いでないなら、その人が書いた本を読んだりセミナーに参加したりしよう。

38 自分にとっての成功を定義する

happy @ work

成功とはお金持ちになることだと考える人たちがいる。お金そのものが悪いわけではないし、お金は（このあと述べるとおり）誰にとっても必要だが、それだけでは成功したとは思えないだろう。

金儲けに人生を費やしたあげく、お金では幸せになれないと気づく人は実に多い。目の色を変えてお金を追いかけるうちに、すべてを失った者もいる。

家族や地域社会と強い絆を持つことを成功と考える人もいる。もちろん、そうした絆は人生の成功に大切な要素だが、これもまたすべてではない。

自己啓発界の偉人アール・ナイチンゲールは成功を「高邁な理想を次々と実現していくこと」と定義した。これも人生の成功の大切な一部ではあるし、努力の方向を決めるうえでいい羅針盤であることは間違いないが、やはりすべてではない。

わたしが思うに、成功した人生を築いてそれを楽しむには、複数の重要な領域をバランスよく組み合わせることである。

何に時間を使うにせよ、自分が支払っている代価すなわち人生そのものに値するかどうか、みずからに問いかけよう。もし値するならすばらしい。ぜひ続けてほしい。もし値しないなら、どうすれば変えられるかを考えよう。重要だと思えることにもっと時間を使い、重要でないことに費やす時間を減らすにはどうすればいいだろうか。

人生の成功の鍵のひとつが健康であるのは明らかだが、人々が健康をいかにおろそかにしているかを見ると、あなたもそうは思っていないかもしれない。生きがいを楽しむにはそれなりのエネルギーが必要だ。また誰しも病気とは無縁でありたいと願う。健康的なライフスタイル――健康的な食生活、適度な運動、定期的な健康診断――を維持することは、あなたの幸福を支える大きな柱となる。その結果あなたの活力が増せば、人生のあらゆる面で、より大きな成功を追求することができる。

もうひとつ忘れてはならないのは、健全な経済状態だ。成功を実感し人生をめいっぱい楽しむには、お金が必要である。お金がすべてではないことにほとんどの人は異論がないだろうが、人生の楽しみの多くはお金を必要とする。

どれだけ愛にめぐまれていても、住宅ローンの支払いに愛は使えない。あなたがどんなに健康体でも、ケーブルテレビ会社の請求書には関係ない。そう、お金は大事だ。

あなたにとっての成功を定義し、それに向けて行動していけば、きっと期待をはるかに超えた人生が待っているはずだ。

あなたには望むだけの喜びと愛と幸福に満ちた、成功した人生を生きる資格がある。望まぬ人生に甘んじるのは自分に対する裏切りだ。

仕事を楽しむ行動ステップ

①世間一般ではなく自分にとっての成功を定義してみよう。

②その成功に向けて、今すぐできる行動から始めよう。

39 失敗にこだわらない

ずいぶん以前のことになるが、わたしはPGAツアー（アメリカの男子プロゴルフツアー）を観戦し、幸運にも、当時のトッププロの何人かと知り合うことができた。フランク・ベアード、アル・ガイバーガー、ボビー・ニコルス、デイブ・ストックトンといったそうそうたるプロゴルファーたちと直接言葉を交わすことができたのだ。

こうしたスーパースターたちを間近に見てわかったのは、試合への集中力、プレイの直後でも練習を怠らない規律もさることながら、ミスショットからの立ち直りの早さに彼らが並外れた能力を持っていることだった。**彼らはまずいショットを次のホールに引きずらない。それが彼らを勝者にする要因のひとつなのだ。**

プロゴルファーが教えてくれたことは、あなたの仕事とプライベートにも応用できる。

happy @ work

ミスをしたときあなたはどうするだろうか。頭の中でその体験を何度も再現し、ミスした自分を責めるだろうか。それともプロゴルファーのように、経験から学べるものを学んだらミスはもう忘れて、前に進むだろうか。

失敗は誰にでもある。ビジネスの世界ならなおさらだ。あなたは必ずミスをする。もちろん、何にもチャレンジしないなら別だが。**ミスをしたときにあなたにできる最善の策は、失敗から学んで先に進むことだ。**

挫折や失敗を経験せずに大成功した人は、わたしの知り合いにはいない。**挫折したくらいで成功をあきらめないと今から決意してほしい。**プロゴルファーのように、「目の前のショットに集中する」のだ。

仕事を楽しむ行動ステップ

①ミスをしたら、失敗から学ぶことは学んで、ミスのことは忘れよう。

②何か行動したら失敗はつきものだ。失敗しても成功はあきらめないと決意しよう。

40 今から始める

誰でも必ずこんなセリフを口にしたことがあるだろう。

「いつか私は……する（学校に入り直す／昇進のためにスキルを身につける／転職する／将来のための貯金を始める、等々）つもりです」

あなたの「いつか……するつもり」は何だろう。

教えてあげよう。**あなたがずっと待っていた「いつか」は今日だ。**

1960年代に流行った言葉がある。

「今日が残りの人生の最初の日だ」

あなたがずっと手をつけたいと胸に温めていた計画が何であれ、始めるならこれ以上のタイミングはない。理由は単純だ。時間には、現在もこれからも「今」しかないのである。

happy @ work

わたしたちはとかく「いつか……するつもり」という言い訳で自分をごまかしてしまいがちだ。そう言うことで、自分はいずれ近いうちに、昇進試験の勉強をしたり、学校に入り直したりするのだと信じ込む。しかし実際にやっているのは先延ばしだ。おそらくうまくいかないのを恐れているのだろう。

この流れを変えるにはどうすればいいだろうか。自分を動機づけるいちばんの方法はごく簡単だ。いわゆる「アメとムチ」を利用することである。

たとえば、あなたが学校に戻って勉強したいとする。実行すれば、あなたのキャリアと人生の幸福度にどんな意味をもたらすだろうか。どれだけ達成感が味わえるか想像してみよう。あなたの稼ぐ力や将来の仕事の展望にはどれだけプラスになるか。あなたはどんな気分になるか。これが「アメ」である。その逆が「ムチ」だ。わたしは両方を使い分けするのがいいと思っている。学校に行かなかった場合に失うものを想像してみよう。

わたしが健康と体力づくりについてこの評価をしたときは、簡単に効果が得られた。ある朝わたしは静かに座り、目を閉じて、20年後を予想した。そして、不健康な食生活を続け、運動をさぼっていたら人生がどうなっているかを想像した。

想像の中の20年後の自分を見て震え上がったのはお察しのとおりである。習慣を変えなければ自分の将来は暗澹たるものになると思い知った。それから、すぐに行動を起こした場合、20年後だけでなく直近の未来がどうなるかを想像した。

もう20年以上も経つが、あの日のことは昨日のように覚えている。あとで読み返してモチベーションを維持できるように、数分間かけて「アメとムチ」の結果を日誌に書くと、わたしは立ち上がってスニーカーを履き、運動プログラムを実行し始めた。以来そのプログラムをほぼ忠実に守っている。

「いつか」やりたいことが何であろうと、今日から始めよう。

仕事を楽しむ行動ステップ

①自分のやりたいことを書き出そう。そして、それをしたらどんなにいいことがあるか、しなかったらどんなマイナスがあるかを書き出してみよう。

②次のステップはもうおわかりだろう。始めよう！

第 5 章

仕事に全力を尽くす

41 悩みを手放す

わたしはある日、午前3時半ごろ目覚めた。いつもの起きる時間ではない。ときどきあることだが、わたしは思い迷っていた。次に何をしようか、どの道に進もうか、何のプロジェクトに取り組もうか、などなど。

人によって置かれている状況は異なるし、すべての人にあてはまる解決策というものはない。しかし長年生きてきて、こんなときに役に立つことをいくつか学んだ。

わたしが最初にするのは、**やみくもに動き回ってもっと迷いを深めるよりも、じっと落ち着くことだ。**瞑想の時間をとる。こうすると心が落ち着き、集中力をとぎすませられるようになる。

それから祈る。正しい選択ができますようにと導きを乞い、そして、**運を天にまかせる。**

「悩みを手放して神にゆだねよ」という言葉は単なる格言ではなく、どんな状況も解決す

happy
@
work

る威力抜群の戦略なのだと経験から学んだ。あなたがピンチに置かれていたら、このテクニックをおすすめする。悩みを手放すこと、人智を超えた存在に身をゆだねることの驚くべき威力を体験してほしい。

悩みを手放すのは手紙を投函するようなものだ、といつか誰かが教えてくれた。一度ポストに入れてしまえば、出すつもりのその手紙は完全に手を離れる。悩みも同じだ。とにかくいったん手から離そう。頭の整理がついてから、その問題にふたたび立ち戻って取り組めばいい。

これはあきらめろとか、状況に対してあなたにできることは何もないという意味ではない。手放す、すなわち天にすべてをゆだねるのは、何もしないのと同じではない。あなたにできることは必ずある。次の一手、あなたにとれるささやかな行動は必ずある。

手放すとは、結果に対する執着を捨て、人智を超えた存在の導きに従う心境になるということだ。そうすれば、**比較的短期間のうちに、ある行動を起こそうという衝動が湧いてくるはずだ。それがあなたにとっては予想外のものでも、その行動をとってみよう。**

瞑想と祈りののち、わたしはたいてい散歩に出る。身体を動かすのは視点を変え、五感を刺激するいい方法だ。これについては第26項でくわしく述べた。

心を自由にさまよわせ、五感で身の周りの世界をぞんぶんに味わえる気楽な散歩は、心身にとって最高の活動だ。特に迷ったり悩んだりしているときにいい。

わたしの場合、散歩のあと、あるいは散歩の最中に、アイデアがひらめいたりこれまで思いつかなかったことをやろうという気になる。悩みへの答えが見つかったり、新しいアプローチの方法がわかったりすることも珍しくない。

仕事を楽しむ行動ステップ

①迷ったり悩んだりしているのなら、心を落ち着けて運を天にまかせてみよう。

②その後、行動を起こそうという衝動が湧いたら、その行動をとってみよう。

42 仕事への情熱を取り戻す

happy @ work

あなたはふと、形式的に仕事をこなしている自分に気づくことはないだろうか。日常業務への情熱を失ってはいないだろうか。

仕事を始めて間もない頃のことを思い出してみよう。張り切って、熱意を持って取り組んでいたはずだ。なぜ変わってしまったのだろう。

これは、変化を起こすべきときが来た、あるいは転職すべきときが来たというサインかもしれない。これは誰もが率直に抱く発想だろう。実際そうすべき場合もあるが、今の職業を選んだそもそもの理由を振り返るだけで解決できる場合もある。

形式的に仕事をしているという人は、今から言うことをよく肝に銘じてほしい。そんなふうに人生を浪費するのは、あまりにもったいないことだ。ソローが言ったような「静かなる絶望」の人生に甘んじてはいけない。

では情熱を取り戻すにはどうしたらいいのだろうか。**手始めに、そのビジネスや職業を選んだそもそもの理由を振り返ってみるといい。**当初の目的は何だったのか？　それは今も変わらず、現状に照らし合わせても妥当なものだろうか？

もしそうなら、気持ちを落ち着けて、当時から今までの思いを振り返ってみよう。過去の感情を呼び起こし、現状に至るまでのできごとを追体験し、情熱を再燃させるのだ。

一方、当初の目的が現状に当てはまらないなら、今もその仕事を続けている理由をあらためて考えてみる必要があるだろう。自営業者の場合は、もともと目指していた方向を修正しなくてはならないかもしれない。たとえば、情熱を持てるような、別の製品やサービスを商売にするというシンプルな選択肢が考えられる。

あるいは、新しい販路を開拓したり海外販売に乗り出したりすることで、エネルギーが蘇るかもしれない。**日常の喜びを取り戻せるような変化を加えてみるのもお勧めだ。**店の雰囲気を変えてみる。いつもと違うネクタイをつけてみる。気の進まない仕事をしかるべき人に任せて、本当にやりたいことに集中するだけでも問題は解決するかもしれない。

ここで簡単な演習に取り組んでもらいたい。紙を1枚用意するなりノートを開くなりして、次の2つの文を書き出し、空欄を埋めてみよう。

1　今の仕事やビジネスで一番好きなところは、（　　　　　　　　　　　　　　）だ。

「いろいろな土地を訪れることができるところ」「人との出会いがあるところ」「人を助けられるところ」など、何でも構わない。あなたが気に入っている点を自由に記入しよう。

2　顧客がわたしの仕事から受ける真の恩恵は、（　　　　　　　　　　　　　　）だ。

わたしの知っているある建築請負業の男性は、自分のことを単なる下請け人ではなく、人の夢をかたちにする立役者だと考えるようになってから、仕事への姿勢が変わったという。視点の転換が、自己評価に、ひいては収入に、大きな影響をもたらしたのだ。

もし今日あなたが、単なる習慣で出社しようとしているなら、それはかなり危険な状態である。**もっと、日々の暮らしに夢中になり、わくわくし、熱狂したっていいのだ。**そして、ときおりそういう気持ちを意識的に取り戻すべきなのだ。

情熱を持って働こう！

仕事を楽しむ行動ステップ

①今、仕事に対する情熱を失っているのなら、その仕事を選んだときに戻って、理由を振り返ってみよう。

②新しい課題に挑戦したり日常の習慣を少し変えたりして、気分を高揚させよう。

43 今持っている手段で目的に到達することを目指す

happy @ work

進路が障害物でふさがれているのは、たいてい、自分に問いかける言葉を間違えているせいだ。同じ状況でも、質問の仕方を変えるだけで結果は大きく変わる。

実体験を紹介しよう。ずっと以前のことだ。わたしはテレビ放送用に、ある映画を作りたいと考えていたが、資金調達に頭を悩ませていた。わたしの自己資金をはるかに超える額の資金を集めなければならなかったが、そのあてがなかったのだ。

お手上げだった。すでに企画書も書き上げていたし、番組を作るのに必要な知識とスキルもあったが、資金がないのではどうしようもない。

しかし、ちょうどその頃聞いていたブライアン・トレーシーのオーディオ教材の中で、ある質問に出会った。

「今の自分にできることから始めよう。真の目的に近づくために、今ある手段や情報を使っ

てできることは何だろうか？」

これ以上に人生を変える質問はない。わたしは、テレビ番組を作るという夢にこの質問をあてはめてみた。すると、目的を達成したいなら何かを変えなくてはだめだと、すぐ気づいた。そして足りないものではなく、すでにあるものに目を向けたところ、わたしにも本来の目的を達成することは可能だとわかったのだ。

本来の目的は、昔も今も一貫して、人の役に立つアイデアや情報を伝えること。それなら、予定していた伝達手段を変えればいいだけのことだ。

映像作品を放映できる可能性はほぼないが、本を執筆・出版するのに必要なスキルと知識ならある。わたしはさっそく執筆に取りかかった。

その第一歩がなければ、わたしが作家になることはなかっただろう。小さな一歩が、わたしの人生を大きく変えた。これまでに世界中の100万人以上の人々の人生に触れることができた。かつての想像をはるかに超える人生と、言葉では言い表せないほどの満足感を手に入れることができたのである。

それもこれも単に、「どうしたら資金を調達できるか？」と問うのをやめて、「今ある手段や情報を使ってできることは何だろうか？」と問いかけた結果なのだ。

仕事を楽しむ行動ステップ

①あなたの進路をふさいでいる障害物は何だろうか？　それさえ取り除けば、仕事の究極の目標に近づけるはずだと思うものをあげてみよう。

②今の状況で、前進するために変えられることはないかを考え、実際に変えてみよう。

44

営業マンのつもりでコミュニケーションをとる

happy @ work

人は誰しも営業マンだ。家庭や職場で日常的に交わされるコミュニケーションの大半は、言ってしまえば、売り込みのプロセスに等しい。

自分の部屋を掃除するように十代の子どもを説得する親。意中の人をデートに誘う若者。CEOに自分のアイデアを聞き入れてもらおうとする社員。人はいつだって、売り込みのプロセスを踏んでいる。

人とのコミュニケーションを成功させるポイントは、売り時を見極めることだ。早すぎれば失敗する恐れがある。相手はまだ判断できるだけの情報を持ち合わせていないからだ。逆にいつまでもぐずぐずしていると、それはそれで、せっかくの機会を逃してしまうかもしれない。

もうひとつ、同じくらい重要なポイントは、売り込む前に必ず相手の注意を引かなくて

はいけないということだ。 十代の息子がテレビのバスケットボールに釘付けになっていたら、いくら部屋を掃除しろと言っても無駄というものだ。ビジネスにおいても同じことが言える。見込み客がメールを読むのに忙しければ、どんなにいいプレゼンテーションをしても聞き流されてしまうだろう。

妻のジョージアにプロポーズしたとき、わたしは彼女が別のものに気をとられていることに気づいていなかった。ちょうど、ウェイターが巨大なロブスターをトレイに乗せて通り過ぎたところだったのだ。

心を込めたプロポーズに対する妻の第一声は、「見てよ、あのロブスター!」だった。幸い、プロポーズは一応聞こえていたらしい。わたしが返事を待っていることに気づいた妻は、こう答えたのだから。

「ええ、もちろんよ。それより、さっきのロブスター見た?」

自分の主張やアイデア、会社を売り込むには、ターゲットとなる相手にどんな利益があるか伝えることが大事だが、それより何より、まずは相手の注意を引かなくてはいけないのである。

仕事を楽しむ行動ステップ

①自分は何を誰に売り込む必要があるのかを考えてみよう。

②そのために相手の注意を引く方法を考え、実行してみよう。

45 挫折してもできるだけ早く立ち直る

happy @ work

人生ではいろいろなことが起こるものだ。どんなに前向きな人でも、どんなに情緒が安定した人でも、打ちのめされるときはある。

あなたも間違いなく何らかの挫折を味わうだろう。職を失うかもしれない。離婚を経験するかもしれない。その他にも、打撃となる状況はいくらでも考えられる。

その状況を現実として受け止めよう。長い人生、そういうこともある。「無意味な経験はない」と考えて、必死に心の傷をごまかそうとしても、痛いものは痛い。前向きな言葉を繰り返したところで、消えるものではないのだ。

そんなときには、誰しも落ち込むものだ。それは仕方のないことだ。落ち込んでもいい。悲しんでもいい。怒ってもいい。感情を無視することなどできないのだから。その感情を受け入れるしかないのだ。

問題は、落ち込むことそのものではなく、その状態をいつまでも引きずってしまうことである。

あなたはどれくらい早く立ち直ることができるだろうか。もちろん、痛みを乗り越え、前に向かって歩き出すまでにかかる時間は、試練の大きさによってだいぶ変わってくるのだが。

例として、リストラされた2人の男性を比較してみよう。

1人は解雇の知らせに大きなショックを受けた。彼の心の傷は、会社や同僚、制度全般に対する八つ当たりとなって現れた。そして来る日も来る日も、悩みを聞いてくれる人をつかまえては自分の苦境について語った。自分の苦境をありとあらゆる人のせいにした。このような反応をする人は、何週間も、何カ月も、下手をしたら何年もの間、絶望に浸る。

一方、もう1人は、対照的な反応を示した。ほぼ同じ問題（生活費に困るなど）に直面したが、選んだ行動は異なった。はじめこそ、自分はダメな人間だと考えたり、自己憐憫に浸ったり、腹を立てたりしたものの、しばらくすると再就職を決意し、同僚や仕事仲間のつてをたどった。積極的に新しい職を探したのである。まもなく彼は素晴らしい新しい会社で理想の仕事を見つけることができた。

例としてあげたこの2人は、同じように解雇され、同じように傷心の時期を過ごしたが、1人はいつまでもそれを引きずり、もう1人はそれに折り合いをつけて、前に進んだ。

ここが重要なところだ。長い人生では意気消沈することもあるだろうが、できるだけ早くその状態から抜け出さなくてはならない。絶望的な事態に見舞われたら、しばらくは失ったものを嘆き悲しんでもかまわないが、**ずっと立ち止まっていてはいけない。とにかく動いてみることだ。**

仕事を楽しむ行動ステップ

①挫折を体験したら、つらい感情をごまかさずに味わってしまおう。
②いつまでも落ち込まず、解決に向けて動き出そう。

46 社長になったつもりで働く

happy @ work

あなたは会社から給料をもらい、そこで働くという特権を与えられている。わたしが「特権」という言葉を使ったのは、働くことはまさしく特権だからだ。中身がなんであれ、仕事があるからこそ、あなたは自分と家族を食べさせることができる。自分なりのライフスタイルを追求し、能力を示し、創造性を発揮できるのも、仕事があればこそだ。

想像してほしい。働けなかったら、あなたの人生はどんなに味気ないものになるか。仕事がなかったら、何をして一日を過ごせばいい？　なんのために生きていけばいいのだろう？　働かなくていいなんて理想的ではないか、と言う人もいるかもしれないが、そんな生き方はまずもってうまくいかない。

別の本のためにリサーチをしていて発見したのだが、退職後もなんらかのビジネスや仕事、あるいは慈善活動に参加している人のほうが、張り合いのある生き生きとした人生を送っている。

同じことは、若い人についても言える。実は、いわゆるＩＴ長者の若者たちは、しばらくは何もせず、ただ遊んで暮らしているのだが、だんだんそれに飽きてきて、結局はビジネスの世界へ舞い戻る者がほとんどだ。

仕事が最高の自分を引き出す。そう考える人にとって、仕事はやっていて楽しいのが当たり前だ。もちろん、これは理想的な状態であって、一日二日で作れるものではない。しかし、この本のアドバイスを参考にすれば、あなたもそこに近づけるはずだ。

わたし自身も、熱中できる好きなことを仕事にできている幸運な人間の一人だ。その経験者の立場から言わせてもらうと、この生き方は最高だ。隠居を考えているかって？　冗談じゃない。わたしの目標は、世界初、１００歳の講演者になることなのだから。

気持ちよく働き、仕事で成功したいなら、社長になったつもりで仕事に取り組もう。本当に社長かどうかは関係ない。担当している仕事は、隅々まで気を配ろう。改善できる部分が見つかったら、声に出して提案しよう。仕事の質を落とさずにできるコストカットの方法が見つかったら、上司に伝えよう。

役職は関係ない。会社の中で、あなたは共通の目的、つまり会社の成長に向かって邁進するチームの一員なのだ。どんな業務でも、改善したことは事業全体に影響する。役職が社長でなくても、担当の業務についてはあなたが社長だ。今はヒラだったとしても、自分のポジションに責任を、そして自分の仕事に誇りを持つようにしよう。

仕事を楽しむ行動ステップ

①社長になったつもりで今の仕事をしてみよう。

②そして気づいた改善すべき点をどんどん提案していこう。

47
いつでもチャンスさえあれば自分の会社と商品を売り込む

happy @ work

ある日、銀行で順番待ちをしていたときのこと。窓口の感じのよい若い女性が、わたしの前の女性と世間話をしていた。その女性はこんなことを言っていた。

「わたしは元気よ。だけど車のほうは全然ダメ。故障してばっかり。お金をかけて修理するのと、買い換えちゃうのと、どっちがいいのかしらねえ……」

窓口の女性は、「迷いますよね」と言って話を終え、そしてわたしの番になった。

この場面で、わたしが「ああ、もったいない」と思ったことがあるのだが、おわかりだろうか？

もし窓口の女性が、わたしの本を読んだか、あるいは私のセミナーに参加したことがあったなら、「これは新しいビジネスチャンスだ」と察したはずだ。

この機を逃さず、「うちは自動車ローンも扱っておりますので、担当の者に相談してみてはいかがですか」と言っただろう。場合によっては、自分で担当者のところへ連れて行って引き合わせたかもしれない。

つまり、営業担当ではないからといって、人の話を聞く能力や、新しいビジネスチャンスの訪れを察知する能力がなくていいわけではないのだ。

営業でなくても、会社の売り込みはできる。そのためにはまず、自分の仕事と会社に誇りを持たなくてはならない。そうでなければ、起きている時間の大半を仕事へ費やすことに、何の意味があるだろう？

あなたが質の高い製品やサービスを提供する会社に勤めていて、そのことに誇りを持っているのなら、必要な場面では、そうした製品やサービスの名前が自然と口から出てくるはずだ。

飲み会や買い物に出かけたときは、周囲の会話に注意深く耳を傾けるようにしよう。たとえば、カクテルパーティーに出席して、誰かが肩の痛みについて話しているのが聞こえたとする。そしてあなたが、たまたま整骨院で働いていたとする。そんなときは「ちょっといいですか」と言って話に入り、自分の整骨院を勧めればいい。

これが本当の営業というものだ。いい営業マンは、常に周囲の状況や人に気を配る。問題やニーズを抱えた人にたまたま出くわしたら、自分の仕事を説明して、自分ならこれこれこういう方法でそのニーズを満たして、問題を解決できるはずだとアピールする。

最近では、社名やロゴの入ったオリジナルのシャツ、帽子、ジャケット、アクセサリーなどを作っている会社も多い。だから日常生活の中でも、自社の売り込みや宣伝はできる。それに、こうしたアイテムは会話のきっかけづくりにもうってつけだ。

自分の仕事と勤め先にプライドを持とう。そして、何気ない出会いや会話からビジネスチャンスを見いだそう。できれば相手の連絡先を聞き出して、「あとで担当の者から連絡を差しあげます」と伝えるくらいはしたいものだ。あとは、営業や新規開拓の担当者にバトンを渡せばいい。

会社の売り込みには、現実的な利点もある。会社はあなたの働きを把握して、何かの形で評価するはずだ。

つまるところ、会社というのはあなたの雇い主であり、あなたの生活の糧である。会社の規模にかかわらず、訪れたビジネスチャンスを逃さず活用するのは、全社員の仕事のひとつと言えるのではないだろうか。

仕事を楽しむ行動ステップ

①自分の会社と商品、そして自分の仕事にプライドを持とう。

②いつも注意していて、チャンスがあれば自社や自社商品を売り込もう。

48
退屈な仕事も楽しむ

happy
@
work

どんな仕事にも、最高とは言い切れない業務をこなさなければならないときがある。そんなときあなたは、「あーあ」とため息をついて、「なんで自分がこんなことを」と嘆いてばかりいないだろうか。これからは、文句を言うのではなく、そんな業務でも楽しくこなす方法を探してみたらどうだろう?

わたしは以前、音楽・映像制作会社の社長を務めていたことがある。ある土曜日、何千枚ものCDにラベルを貼って梱包し、何百人もの顧客に向けて発送しなければならなくなった。わたしはじめ社員全員でやらないことにはどうしようもなかった。

そこでわたしたちがしたのは、不満を言うことではなく、作業を楽しく進める妙案を探すことだった。わたしたちは、「梱包パーティー」の開催を決めた。ビールとピザを用意し、親切にも手助けを申し出てくれた友人にふるまい、退屈な作業を楽しい時間に変えたのだった。

手伝ってくれた中に、わたしの共同経営者の友人で、科学者として海軍で要職に就いている人物がいた。最高レベルの国防プロジェクトに携わっている科学者が、土曜日の午後をCDの梱包をして過ごしているのだ。しかも、彼はとても幸福そうだった。いつものような専門的な業務ではなく、なんでもない普通の作業ができることを心から楽しんでいた。

退屈な業務をこなさなければならないときは必ずある。そんなとき、あなたには2つの道がある。みんなと同じように「割に合わない」とか「これは自分の仕事ではない」と文句を言うか、それともできるだけ楽しく終わらせる方法を探すかだ。

すべてはあなた次第だ。「めんどくさい」「つまらない」と言い続けるのは自由だ。しかしそんなことをしても、腹が立ったり、ゆううつになったりするだけだ。それにどんなに文句を言ったところで、作業をしなくてよくなるわけではない。

逆に、楽しんで終わらせる方法を見つけることもできる。気持ちを楽しいほうへ持っていけば、心が軽くなるし、往々にして作業も早く片付く。

選ぶのはあなただ。状況を利用して幸せになるか、それとも状況を嘆くか。個人的には、できるかぎり幸せなほうを選びたい。

もうひとつ、こうした状況を乗り切る方法を紹介しよう。それは、自分へのご褒美を設定することだ。作業が終わったあとでもいいし、量が多ければ切りのいいところで何回か設定してもいい。たとえば、「午前中のノルマを終わらせたらランチは奮発していい」というような取り決めを自分の中につくっておくわけだ。

もっとも、やり方は問題ではない。大事なのはどういう気持ちで取り組むかだ。**自分なりの方法を見つけて、どんな仕事でも楽しめるようになろう**。そうすれば、どんな業務を割り当てられようと、今までよりも幸せな気持ちで働けるようになる。

仕事を楽しむ行動ステップ

①退屈な仕事をしなければならないときは、楽しく終わらせる方法を考えよう。

②自分へのご褒美を決めるなど、いろいろなやり方を試してみよう。

49

仕事だからといって不正行為に手を染めない

以前、一緒に仕事をした中に、「仕事だから」が口癖の男がいた。そう言って、自分で自分を納得させようとしていたのだろう。自分は仕事の上での価値観と個人としての価値観、2つの価値観を使い分けていると思っていたのかもしれない。当然、彼との仕事はあまり長続きしなかった。

あなたも幸せないい仕事をしたいのなら、自分らしさを失ってはいけない。人として受け入れられないことを、仕事だからといって飲み込んではいけない。

当たり前のように思えるが、ビジネスの世界を見渡せば、実際はその逆がまかり通っている。「仕事」の名の下、幹部が従業員に卑劣な、ときには違法な行為をやらせる会社。利益のためならウソや不正も許されるとばかりに、帳簿をごまかしていいイメージを作りあげ、投資を呼び込もうとする会社も後を絶たない。そんなことは許されない。これまで

happy @ work

も、そしてこれからも。

こうした不適切な行為に手を染めないためには、どうすればいいのか。あなたにとっての本当の道しるべは、あなたの人としての尊厳だ。そこで妥協すると、後悔が待っている。檻には入れられないかもしれないし、そもそもバレないかもしれない。しかし、自分を売り渡した罪悪感は、あなたの心にいつまでも重くのしかかる。

自分の価値観をはっきりさせよう（第12項を参照のこと）。そして行動原理を知ろう。自分が何に拠って立っているのか、何を大切と感じているかがわかれば、正しい行い、そうでない行いの区別がつくようになる。

仕事を楽しむ行動ステップ

①仕事だからといって不正行為をしてはならない。

②自分の価値観をはっきりさせ、後悔しない選択をしよう。

50 感謝の習慣を身につける

happy @ work

いいことや幸運への感謝の気持ちが強まるほど、いいことが訪れやすくなる。これが引き寄せの法則の基本原理だ。思いが強まるほど引き寄せる力も強まるし、感謝の対象を強く意識すれば、幸運は自然と引き寄せられてくるという考え方である。

どんな状況であれ、感謝すべきものは常に何かしらあるはずだ。たとえばこの本の読者は、昨夜も暖かいベッドで眠れた人がほとんどだろうから、それに感謝してもいい。そうした幸運を授かれない人も世の中には大勢いる。

あるいは、仕事の見つからない人がいかに多いかを思えば、なんであれ仕事があるという事実も、感謝の対象になる。仕事やライフスタイルを自分で選べる自由な国に暮らしているのであれば、それも感謝する理由になる。もちろん、私たちが当たり前だと思っているもの、視覚や聴覚、体の機能などもそうだ。

どんなときも幸せに過ごす一番手近な方法は、自分がすでに持っているものを振り返って、それに感謝することだ。理由は人それぞれだが、人間というのは、手にしたものよりも、まだ手にしていないものにばかり目を向けがちだ。それでいて、手にしたものは持っていて当たり前だと思い込んでいる。

いくつかの研究によれば、人は意識して感謝することで、より明るい気持ちで生きられるばかりか、体も健康になるという。この世のすべては、天からの授かりものだと理解する。そして、持っているものに常に感謝する習慣を身につける。そうすれば、あなたの人生には今までよりも多くの幸せが流れ込んでくるはずだ。

何かをしてもらったとき、「ありがとう」と言う習慣をつけよう。ごちゃごちゃ飾り立てる必要はない。ただ一言、ありがとうと言うだけで十分だ。

仕事を楽しむ行動ステップ

①毎晩寝る前にその日の出来事を思い返し、感謝したいことを見つける習慣をつけよう。

②何かをしてもらったとき、「ありがとう」と言う習慣をつけよう。

第 6 章

モチベーションをつねに高く保つ

51

自分の感性を信じる

感情は、わたしたちの体に埋め込まれたナビゲーションシステムだ。対象が、嘘偽りのない本当の自分に合っているかをはっきり教えてくれるガイドだ。

願いを引き寄せるのは感情だ。困ったときは、いつでも感情のナビゲーションシステムに助けを求めよう。そうすれば、対象が自分の望みに合っているか、より高次の自分としっかり結びついているかがわかってくる。いい感じなら合っている。いやな感じがすれば、合っていない。だからこそ、その対象のことを考えると気持ちが落ち込むのだ。

望みに合っているかどうかを知るには、自分の感じ方に注意を払うだけでいい。感情のモニタリングをすればいいのだ。考えたり注目したりしている対象が、あなたの気分を明るくすれば、願いを引き寄せる流れができているということだ。

逆に、怒りや強欲、嫉妬、恐怖などのネガティブな感情が湧き起こったら、それは望ん

happy @ work

でいないことに目を向けているという意味になる。

明るい気持ちになることで、望みは引き寄せられてくる。そんなに難しい話ではない。ほんの少しでいいから、気分が上向く選択肢を採用すればいいだけなのだ。それを続け、常に前向きに生きていれば、あなたの感情メーターはぐんぐん上昇していくはずだ。

やりたいことに集中し、感謝の気持ちを忘れず、感情をモニタリングする。それを続けていくうちに、あなたは望みのエネルギーとシンクロし、引き寄せの法則の力が働き始める。しかし多くの人は、この力を逆の方向に使ってしまっている。

いやなことや不幸ばかりに目を向け、それに文句を言うのに時間とエネルギーを費やす人は、あまりに多い。こうした嘆き節は、その人の本来の姿とはかけ離れている。だから暗い気分になる。そして引き寄せの法則によって、いやな状況を次から次へと招き続ける。

人生の流れを変えたいのなら、まずは自分で自分に言いきかせる言葉を変えよう。やりたくないことに目を向けるのではなく、やりたいことに目を向けるようにしよう。

あなたは自分の人生の物語を「こんなものさ」と思っていないだろうか。人生の物語は自分の手で変えられる。「こんなもの」などどこにもない。いいこと、よくないこと、その間のもろもろのこと。人生に訪れるすべての出来事は、あなたが自分に何を言い聞かせ、どこを向いてきたかの結果なのだ。

覚えておいてほしい。あなたが思い描く人生のイメージは、真実としてあなたの無意識にすり込まれる。たとえそれが、その時点の現実とは違っていても、無意識には鮮明なイメージと現実との区別はつかない。無意識は、思考や言葉、感情、行動といった形であなたの望みを吸収し、それに反応してしまうものなのだ。

一番大切なのは「明るい気持ち」でいることなのである。気持ちが上向きであれば、望みは引き寄せられてくる。気持ちが落ち込めば、それは不可能だ。

仕事を楽しむ行動ステップ

①自分の「感じ」を信頼しよう。

②常にやりたいことに目を向け、明るい上向きの気持ちでいよう。

52 音楽を聴く

スティービー・ワンダーの「愛するデューク」という大ヒット曲がある。その中でスティービーは、音楽はそれ自体がひとつの世界で、人生を豊かにしてくれると歌っている。

その通り。音楽は世界そのものだ。そして五感の中では、聴覚は嗅覚に次いで記憶を呼び覚ます。**音楽には気分を一瞬で変える効果がある。曲が幸せな記憶と結びついていれば、効果はいっそうてきめんだ。**

音楽には仕事の場面で、またほかのさまざまな場面で、気分を高める力がある。たとえば、会社の最高幹部に向けてプレゼンテーションを行うよう言われたとする。あなたにとっては自分をアピールするチャンスだが、同時にプレッシャーも小さくない。お偉いさんに向かって話すのは、誰でも苦手なものだ。

もちろん、あなたは入念に準備を進めるだろう。しかし、最善の準備や入念なリハーサル以上にしてほしいのが、プレゼンテーションの前に音楽を聴いて、やる気と気合いを注入することだ。テンションの上がる曲を集めたプレイリストを作って、自分を鼓舞しよう。プレゼンテーションの前には気分の高まるプレイリストを聴いて、その時々にふさわしい精神状態を作り出してほしい。

重要な報告書を書くときにも、音楽をうまく使えば、心を落ちつけたり、クリエイティビティを刺激したりできる。望みの精神状態へ持っていくために、特定の脳波を生みだす音楽を聴いてもいい。さまざまな周波数を使って脳を「だまし」、瞑想状態や創造的な状態、癒しの状態を作り出すわけだ。

音楽をうまく使い、必要なときに気分を上げ、仕事力を高められるようになろう。

仕事を楽しむ行動ステップ

①音楽をうまく使って、自分の気分を高めよう。

②重要な仕事の前に気分をよくする音楽を用意しておこう。

53 自分の仕事を広い視野で見直してみる

happy @ work

宇宙船の部品を作る工場に、ひとりの男が視察にやって来た。男はある作業員に、何をやっているのか尋ねた。その作業員は暗い声で「部品を組み立ててるんです」と言い、仕事に戻った。

次に話を聞いた作業員もひどく不機嫌で、溶接の仕事にひとしきり文句を並べてから作業に戻った。この2人は常に不平不満を言い、言われた仕事だけをやり、1分ごとに時計を見るようにして終業を待ちわびていた。

3人目の作業員は、明らかに様子が違った。やけに上機嫌で鼻歌など歌っている。さっきの2人はあんなに不満げだったのに、これはいったいどういうわけか。男は気になって、ひとりだけ楽しそうにしている理由を本人に聞いてみた。すると作業員は誇らしげにこう言い放った。

「僕は宇宙船の大事な部品を組み立てているのです。宇宙飛行士のみなさんが宇宙へ飛び立ち、無事に帰還できるかは、この宇宙船にかかっています。こんな重要な仕事を任せてもらって、僕は誇らしいですよ」

この3人目の作業員とほかの作業員の差は何だろう？　なぜ彼だけが幸福そうで、自分の仕事に満足して働き、ほかの作業員はひどく不機嫌で、自分の仕事にうんざりしているのだろうか？

答えはもうおわかりだろう。**誇りを持ち、満たされた気持ちで、幸せに働いていた作業員は、より大きな全体像の中で自分の仕事をとらえていたからだ。**他の面々が単なる雑務だとみなす仕事を、彼は宇宙飛行士を宇宙へ送り出し、無事に地球へ帰還させる任務のひとつだと認識していた。

仕事に熱中し、愛着を持つことは、豊かで幸福な人生を送るための大切なポイントだ。一見、取るに足らないように思える仕事も、その多くは、よく見てみればより重大な目的につながっている。あなたも、広い視野で自分の仕事を見直そう。そうすれば、自分自身、そして職場での自分の役割を見直せるはずだ。

副社長だろうと、会計部長だろうと、倉庫管理員だろうと、あなたの仕事には意味がある。ビジネス全体の中で、何らかの役割を果たしているのだ。

公衆トイレが清潔で手入れが行き届いていたら、わたしは清掃担当者に会ってお礼を言うことにしている。文句ではなく、お礼を言われたのだとわかったときの彼らの顔を見ると、こちらも嬉しくて仕方がなくなる。手間はかからないし、時間も1、2分ですむ。それでも相手を幸せにし、仕事に誇りを持ってもらうことができるのだ。

仕事を楽しむ行動ステップ

①あなたがしている仕事を、広い視野で見直してみよう。
②周囲の人の役割を見直し、感謝できる点を見つけよう。

54

職場での人間関係を大切にする

happy @ work

勤め先の企業の規模にもよるが、仕事は有益な人間関係を築くチャンスでもある。事実、既婚者のうちの職場結婚の割合は高いし、一生の付き合いが職場で始まる例も枚挙にいとまがない。

しかし注意してほしい。職場でのロマンスは破滅の序曲にもなりうる。知っての通り、社内恋愛を禁止している企業は多く、それが原因でクビを切られることもあるので用心が必要だ。

同じ職場で毎日顔を合わせる相手が恋人だったら、普通に仕事をしようと思ってもぎこちなくなってしまうし、そうなれば、やっぱり別れようという話にもなりかねない。もちろん、会社が大きくなるほど顔を合わせる機会は減るので、問題は起こりにくくなるとも言えるが。

　恋人だけでなく**一生の友人をつくるためにも、職場は理想の環境と言える。職場ではさまざまな人と安心して知り合える。**一緒に働いている以上、関係作りの最初の土台もできている。共通の趣味を持つ人に巡り会うこともあるだろうし、そうした人たちと友人になるのはごく自然な流れと言える。

　大企業であれば、ソフトボール大会やボーリング大会といったスポーツイベントやダイエット教室など、誰かが言いだした活動に参加する機会も数多くあるだろう。小さな会社であっても、終業後に同僚との仲を深め、友人になることもできるはずだ。

　同僚の人柄をよく知れば、仕事はもっと楽しくなるし、あなたの仕事ぶりもきっとよくなる。機会を作り、同僚と個人レベルで知り合おう。そうすれば、あなたは今よりも楽な気持ちで働けるようになる。

仕事を楽しむ行動ステップ

①職場での人間関係を大切にしよう。
②個人的に仲のいい友人をつくってみよう。

55

自分の目標を口に出す

あなたは何かほしいもの、達成したい成果があるとき、幸運が向こうからやって来るのをただ待ちながら、「どうせうまくいきやしない」と半分あきらめてはいないだろうか。

ほとんどの人は、望みを持ちながらも、本当に実現することはないと思っている。そして、うまくいかなかったときはただ一言、「人生なんてこんなものさ」と言って見切りをつける。

あなたが、こういう生き方をしているのなら、それに待ったをかけるときだ。今こそ、天から授かった力を活用して、自分の人生を、目的を持って生きよう。どんな人生を送りたいかという「目標」を定めるのだ。

以前、わたしは友人の女性が開いたグループセッションに参加した。集まっていたのは

happy @ work

5人か6人で、場所はメンバーの自宅だった。

セッションの中で、ひとりずつ自分の目標を声に出して言うことになった。必ず「私の目標は……」から始め、具体的な望みを言い、最後を「……この世界に住むすべての人の幸福のために」で締めるという決まりだった。

そのときのメンバーに、主催者の女性の娘で11歳になる女の子がいた。彼女の目標のひとつは、報道業界に強いシラキュース大学でジャーナリズムを専攻することだった。

セッションを行ったのはもう10年以上も前で、主催者の女性ともずっと会わないでいたが、ついこの間、とあるビジネスのイベントでばったり再会した。娘さんの近況を尋ねると、彼女はこう答えた。

「ええ、がんばっていますよ。シラキュース大学に合格して、ジャーナリズムを勉強しています」

彼女は当時、何度もその目標を口にしていたらしい。その後も常に繰り返していたのだそうだ。

大切なのは「目標」という言葉が持つ力を引き出すことだ。成功が向こうからやってくるのを黙って待ったり、願ったりしているだけではいけない。言葉には力があり、それぞれの言葉が持つ力には明確に差がある。そして「目標」は、数ある言葉の中でも有数の力を持っている。

「目標は……」から始まるパワフルな決意表明をしよう。それによって、あなたの心からの願いは、宇宙に聞きとどけられる。

「仕方がない」などと言うだけで動こうとしないのは、今日で終わりにしよう。**あなたはもっと大きな存在なのだ。あなたの中には、いつでも、どんな形でも、人生を変える力が眠っている。**

仕事を楽しむ行動ステップ

①自分の望みをあきらめてはいけない。目標を決めよう。

②決めた目標を常に繰り返して口に出そう。

56 ネガティブな人を避ける

ネガティブな人はどんな会社にもいる。話し相手をつかまえて、外でどんないやなことがあったか、どんな不幸に見舞われたかを延々と話す連中だ。自分の不愉快な気分を、相手にも味わわせることを人生の使命にしているような、人のエネルギーを吸い取る人たちのことだ。

あなたが最高の一日を送っているときにも、ネガティブな人はやって来てお祭り気分に水を差す。誰にでも、こうした人間の1人や2人は近くにいる。そしてまずいことに、多くの場合、家族の一員などかなり近しい人間だったりする。

夢のような1日を最高の気分で送り、この上なく幸せな時間を過ごしているとき、ネガティブな人はいきなり姿を現す。話を聞いて5分もしないうちに、あなたはふて寝したい気分になってくる。いい気分とエネルギーを相手に吸い取られてしまう。

happy @ work

こうした人たちとの付き合い方で大切なのは、**まず何より、できるかぎり近寄らないことだ。**もちろん、家族であれば避けるのにも限界があるが、一緒に過ごす時間を極力短くすることはできる。職場であれば、彼らにつかまらないようにするのが最善の策だ。最低でも、向こうの話を真面目に取らないようにしたい。

ネガティブな人を変えるという手もなくはないが、向こうが変わりたがっているのでない限り、その努力はまず無駄骨に終わる。

今までよりも幸福な実りある働き方をして人生を楽しみたいなら、前向きで、明るくて、協力的な人たちと付き合うようにしよう。最高のあなたを引き出してくれる人をまわりに置こう。

仕事を楽しむ行動ステップ

①ネガティブな人には近寄らない。

②前向きな人たちと付き合おう。

57 感情をコントロールする

happy @ work

「こういうことがあってさ、頭にきちゃったよ」

「あんなことになって、あのときは死にたかったな」

こういうセリフ、あなたも何度も口にした経験があるはずだ。

だが、こうした言葉は、いったいどこまで本当なのだろう?

それを確かめるため、ちょっとした実験をしてみたい。最初に、社会人になってから最悪の一日を思い出してほしい。みんなの前で上司に罵倒された日かもしれない。ひどいミスをして、会社に損害を与えてしまった日かもしれない。

とにかく、そのとき何があったか、誰がそこにいたか、何を言ったかなど、細かく思い出してほしい。そして頭の中でその場面へ立ち戻り、今起こっているかのように追体験してほしい。

さて、どう感じただろうか？

きっとかなりいやな、すぐにでも忘れてしまいたい気分になったはずだ。

続けて今度は、夢のような最高の一日を思い出してもらいたい。どんな日だったか。何をしていたか。頭の中で場面を再生して、できる限り細かく体感してほしい。聞こえた音。かいだにおい。かつて味わった素晴らしい一日の中に、もう一度自分を浸してほしい。

さて、どう感じただろうか？

本当に夢の中にいるみたいな、少なくとも、ものすごくいい気分になったはずだ。


ではこの実験からわかることは何だろう？

それは、**たとえいやな、場合によっては最悪の気分になったとしても、そこから最高の気分に切り替えるのは可能だということだ**。頭の中で思い描くだけで、もっと正確に言えば、自分で自分に言いきかせるだけで、人はこれだけのことができる。実際に起こったわけではないし、まわりに誰かがいて、何かを言われたわけでもないのにだ。

最初に紹介したようなセリフを言った相手に、どうしてそう感じたか聞いてみると、大体「上司のあの言い方が」とか「あの場の空気が」とかいう答えが返ってくる。つまり、まわりの状況に感情が左右されてしまったわけだ。しかし実際には、何をどう感じるかは、すべてあなたのほうでコントロールできる。

周囲の出来事をどう感じるかは、実はあなた次第だ。気分が上向く感じ方をするには、視点を少し変えるだけでいい。

わたしは、ニュースはあまり見ないよう勧めている。どうしても見聞きせざるをえないときは、なるべく客観的な視点を保つようアドバイスしている。ニュースの中のストーリーに入り込みすぎると、先ほどの実験のように、人の心はすぐに影響を受ける。そう、あなたを不幸にしているのは、状況ではなくあなた自身と、見聞きしたことに対するあなたの心の変化なのだ。

しかしいいニュースもある。それは先ほども言ったように、目のつけどころを変えるだけで、感じ方はすぐに変えられるということだ。恐ろしい状況に置かれながらも、心に傷を負わずに切り抜けた人の話を聞いたことがないだろうか。どうしてそれができたかと言えば、彼らは自分の置かれた状況を客観視する方法を編み出し、自分の中で、他の人とは違った見方で状況をとらえ直したからだ。要するに彼らは、感情をコントロールしたのである。

ポイントはここだ！　自分の思考、すなわち感じ方の決定因子をコントロールする方法を身につければ、あなたは自分の心の主人となり、どんな状況に出くわしても、それをどう感じるかを自分で選べるようになる。

負のスパイラルに陥りそうだと感じたときは、思考の連鎖を断ち切ろう。考え込むのをいったんやめて、「今はどういうふうに考えれば、気持ちを高めることができるだろうか？」と自分に問いかけよう。必要であれば、「この状況にも、何か見るべきところはないだろうか？」と自問して、状況をとらえ直そう。こうして視点を変え、心を上向かせることで、少しずつ気持ちも明るくなっていくはずだ。

仕事を楽しむ行動ステップ

①いやな気分になったときは、いったん考えを止めてみよう。
②どんなふうに考えれば気分を変えることができるか自分に問いかけ、実際に気分を上向きに変えていこう。

58 会社に貢献してお金を稼ぐ

happy @ work

つい先日のことのように覚えているが、そのセミナーに参加したのは30年以上も前のことだ。講演者は身なりのいい魅力的な女性で、開口一番、こんなことを言った。

「お金はあなたの貢献度の目安です。もっと多くのお金が欲しいなら、もっと多くの貢献をしましょう」

この言葉が満員の会場に響き渡って以来、わたしはそれをモットーにしてきた。そして、それは大いに役立った。実に単純明快な考え方だ。

それなら、なぜ多くの人はお金を十分に稼いでいないことに不平を言うのか。職場で働く多くの人が、なぜ毎日出勤しているという理由だけで、もっとたくさんお金をもらうべきだと感じているのか。昇給に値することを実際にしているかどうかに関係なく、人々は毎年昇給を期待しているのが現状だ。

しかし、もし自分が会社の収益に貢献していると断言できないなら、昇給を期待すべきではない。もっとお金を稼ぎたいなら、会社への貢献度を高める方法を見つければいい。

会社にとってもっと価値のある存在になり、結果としてもっとお金を稼ぐひとつの方法は、組織にもっと価値を提供する方法を見つけることである。

数年前、わたしの友人のひとりは障害者向けの成人学習プログラムを管理するために大学に雇用された。彼は起業家精神に富み、障害者が自立して生活する方法を学ぶためのニーズを知り、自立推進プログラムをつくって大学に提案した。かなり頭のいい男なので、それを大学が実施しやすいように料金を抑えるやり方を工夫した。そして昇給の代わりに、大学の増収分の1パーセントを受け取ることを提案したのだ。

そのプログラムは大成功を収め、彼は莫大な収入アップを実現した。大学にとっての経済的リスクを排除することによって、自分のプログラムを受け入れてもらい、自分と大学の双方にとってより多くのお金を稼ぐことができたのである。

多くの大企業が「社内ベンチャー制度」を取り入れるようになった。これは、組織の中で働く個人がリスクを取ってイノベーションを起こすことによって、アイデアを儲かる完成品に変える責任を持つプログラムのことである。
もしあなたが起業家精神に富んでいるなら、社内ベンチャー制度は現在の会社にとどまりながら収入を増やす方法のひとつになるかもしれない。

仕事を楽しむ行動ステップ

①あなたの会社にとって、より価値のある人材になるにはどうすればいいかを考えよう。

②あなたの仕事の上で会社のお金を節約する方法がないかどうか考え、提案してみよう。それは会社に対する大きな貢献になる。

59 今を生きる

周囲の会話にそっと耳を傾けてみると、多くの人が、起きている時間のほとんどを過去や未来を生きることに費やしているのがすぐわかる。彼らは、昔がいかによかったかを語る。「古きよき日々」を懐かしみ、あのころに戻れたらと嘆く。

しかし実は、古きよき日々はそれほどいいものではない。過去が美しく思えるのは、私たちの心が普通、いい思い出だけを残し、他はすべて忘れてしまうからだ。昔を思い返して懐かしむのは、必ずしも悪いことではない。しかし、過去に生きようとするのは無意味だ。

その逆に、想像の中の遠い未来に生きたくなるときもある。しかしいずれにせよ、そうした生き方には現在が欠けている。**今存在するのは、今という瞬間だけなのに……**。人生は、今ここで展開されているというのに。

happy @ work

今だけが、存在する唯一のときだ。そして、あなた自身の力も、今にしか存在しない。今こそが、あなたの働くときであり、人生を生きるときであり、将来を形づくるときだ。今この瞬間に感じていることが、将来の出来事をあなたのほうへ引き寄せる。仕事であれば、今日やっている業務が、将来の成功、あるいは失敗へ続く道になる。常にベストを尽くさなくてはならない理由はここにある。

今を生きることは、落ち着きや心の平安を得る方法でもある。わたしたちの心は、過去や未来に目を向けるとストレスを感じる。過去の過ちを振り返って気が動転し、訪れてもいない未来を思って不安になる。しかし実は、**現在には何の不安もない。**

現在にとどまる時間が長くなるほど、あなたの人生の流れはよくなる。アイデアがやって来る。差し迫った問題の解決策が頭に浮かぶ。ストレスは減るか、場合によってはすっかり消えてなくなる。

理想の未来を想像してはいけないということではもちろんない。しかし、とてつもない未来を想像したところで、それはあなたが今という時に行っていることだという点を、忘れてはならない。雲の上に城を建てようとするのは一向に構わないが、そこへ引っ越そうとしてはならないのだ。

本当に大切なのは、あなたが今、どう感じているかだ。引き寄せの法則では、あなたの将来を形作り、引き寄せるのは今のあなたの感情であり、**肝心なのは、今このときを常に明るい気持ちで過ごせるかどうかなのである。**

ストレスの多い状況にいるなら、あるいは不安や恐れを感じているなら、手を止めて、少しの間じっとしてみよう。2度、3度と長く、ゆっくりと深呼吸をしよう。息を吐きながら、自分が地球とつながっていることを感じよう。これを何度か繰り返せば、2、3分もしないうちに気持ちが落ち着いてくる。集中力が高まって心が鎮まり、自分の中のパワーを引き出しやすくなる。

仕事を楽しむ行動ステップ

①過去や未来のことを考えるのをやめて、今、この瞬間に集中してみよう。
②ストレスや不安を感じているなら、ゆっくりと深呼吸して、この瞬間に意識を戻そう。

60 立ち上がって動き出す

happy @ work

健康クラブのオーナーでもあるわたしから、シンプルな提案がある。それは「立ち上がって動き出そう」だ。

わたしたちの社会は、暮らしがさまざまな面で便利になる中で、座ったまま動かない社会になってしまった。仕事でも、ほとんどの人はデスクの前に座ってコンピュータを使う。これでは太るのも無理はない。

ほんの何世代か前には、健康クラブやフィットネスセンターなどは存在しなかった。運動といえばマウスを動かす程度のわたしたちとは違い、ほとんどの人が体を動かす仕事に就いていた。ところが今では、だいたいの人は体を動かすことはほとんど、場合によってはまったくない。

現代人は体をほとんど動かさないライフスタイルに陥りやすい。わたしも自分にそういう傾向があると自覚している。わたしにとって、健康に気を遣うというのは、常に意識していなければできないことなのだ。

あなたはどうだろう？　あなたは体を動かしているだろうか？　適度な運動をして体型をキープしているだろうか？

生き生きと満ち足りた、豊かな人生を送りたいなら、あなたは自分の体に気を遣わなくてはならない。一定の成功を収めるためには、肉体のエネルギーが必要不可欠だ。成功への階段を上がっている最中だというのに、運動不足がたたってエネルギー切れを起こしてしまう人があまりに多い。

現時点の体の状態がどうであれ、健康と体のキレを取り戻すにはいくつか方法があるから、それをこれから紹介しよう。

簡単なものとしては、たとえば車の駐車場所を職場から遠ざけることから始めてもいい。職場まで、少し歩かなくてはならない状況を作るわけだ。エレベーターではなく階段を使うようにしたり、社内連絡はメールや内線ではなく、その人のデスクまで歩いていって直に話すようにしたりというのも悪くない。

昼休みに散歩するという手もあるし、同僚とちょっとした散歩仲間を結成すれば、モチベーションも維持しやすい。一風変わった方法をお望みなら、歩きながらミーティングを行うのはどうだろう。実はこれはかなり生産的な方法で、特に静かな場所を歩きながらだと大きな効果を発揮する。

わたしたちの社会の問題は、ひとつには、瞬時の満足をあまりにも求めすぎるところにある。わたしたちは、ほしいものがすぐ手に入ることに慣れてしまっている。

しかし、こと健康に関しては、ほしいものがすぐ手に入ることは絶対にない。ダイエットと健康な体作りには時間がかかる。

習慣を変え、今よりも健康になりたいのなら、今すぐ食事を変え、運動を始める決意を固めよう。ヘルスコーチがよく言うように、マラソンに挑戦する必要はない。ただ動き出せばいいのだ。

仕事を楽しむ行動ステップ

①自分の健康状態に意識を向けよう。

②運動不足を自覚しているなら、すぐにできる小さなことから始めよう。

おわりに

おめでとう！　本書を読んだあなたは、自分の力で成功を引き寄せ、自分らしい人生を生きることに、大きく一歩近づいた。

もし飛ばした項目があれば、今ここで引き返して、すべての項目を読み、すべての「仕事を楽しむ行動ステップ」をやり終えてほしい。簡単にできるものばかりだが、それをきちんとやるかやらないかで、人生が大きく変わるからだ。

そこまでできたら、あなたは本書に出てくるアイデアやテクニックをいつでも自在に使いこなして、今までは想像もできなかったほど楽しく、幸福な、すばらしい人生を築いていける。

こう断言できるのには理由がある。これまでお伝えしてきたとおり、わたし自身、25年以上にわたって本書の原則を厳格に実践し、その間ずっと、自分の人生が際限なく上向き、楽しくなっていくのをときに驚きを感じながら見守ってきたからである。今でもなお、わたしの上昇していく気分はとどまることを知らない。

もちろん誰の人生にも、順風満帆とは言えないときがある。そういうときはもう一度本書を手にとって、抱えている課題に関連する項目を読み返してみよう。

定期的に自己啓発書を読むことをお勧めした第34項でお伝えしたとおり、あなたには、常に新しい発見を求める人であってほしいのだ。そのときどきのライフステージで小さな改善を積み重ねていけば、想像以上の人生を送ることができる。

気持ちを高めてくれる前向きな考え方や情報を、文字や映像、音声、あらゆる手段で一生取り入れ続けよう。一日たった5分か10分の積み重ねが、成功に与える影響は計り知れない。

そうやってほんの少し時間を投資して、状況を改善する方法を学ぶだけで、ずっと手に入れたかった人生を現実のものにすることができる。重要なのは、定期的に（できれば毎日）学びの時間を設けることだ。誰でも人生の進路から逸脱してしまうことはあるが、日頃から前向きな考え方を学びそれを取り入れていけば、脱線を最小限に抑えられる。

継続的に学ぶためにも、わたしのメールマガジン「Jim's Jem」への読者登録を、ぜひご検討いただきたい。メルマガでは折に触れて無料の特典を提供し、あなたの役に立ちそうな新しい講座やプログラムの情報をお知らせしている。登録したからといって大量のメールが届いたり、個人情報が漏れたりすることはけっしてないので、ご心配なく。

あなたの公私における成功を願っている。もしわたしにお手伝いできることがあれば、ぜひご連絡を。Facebook や LinkedIn での交流、Twitter のフォロー、YouTube のチャンネル視聴、すべて大歓迎である。

幸運を祈る。

ジム・ドノヴァン

happy@work
情熱的に仕事を楽しむ60の方法

発行日　2015年2月25日　第1刷

Author　ジム・ドノヴァン

Translator　弓場 隆
（翻訳協力　木村千里 佐藤咲子 高崎拓哉 武田玲子 月谷真紀 吉田早苗
株式会社トランネット）

Book Designer　長坂勇司（NAGASAKA DESIGN）

Publication　株式会社ディスカヴァー・トゥエンティワン
〒102-0093　東京都千代田区平河町2-16-1 平河町森タワー 11F
TEL　03-3237-8321（代表）
FAX　03-3237-8323
http://www.d21.co.jp

Publisher　干場弓子
Editor　藤田浩芳

Marketing Group
Staff　小田孝文　中澤泰宏　片平美恵子　吉澤道子　井筒浩　小関勝則　千葉潤子　飯田智樹　佐藤昌幸　谷口奈緒美　山中麻吏　西川なつか　古矢薫　伊藤利文　米山健一　原大士　郭迪　松原史与志　蛯原昇　中山大祐　林拓馬　安永智洋　鍋田匠伴　榊原僚　佐竹祐哉　塔下太朗　廣内悠理　安達情未　伊東佑真　梅本翔太　奥田千晶　田中姫菜　橋本莉奈
Assistant Staff　俵敬子　町田加奈子　丸山香織　小林里美　井澤徳子　橋詰悠子　藤井多穂子　藤井かおり　葛目美枝子　竹内恵子　熊谷芳美　清水有基栄　小松里絵　川井栄子　伊藤由美　伊藤香　阿部薫　松田惟吹　常徳すみ

Operation Group
Staff　松尾幸政　田中亜紀　中村郁子　福永友紀　山﨑あゆみ　杉田彰子

Productive Group
Staff　千葉正幸　原典宏　林秀樹　石塚理恵子　三谷祐一　石橋和佳　大山聡子　大竹朝子　堀部直人　井上慎平　松石悠　木下智尋　伍佳妮　張俊崴

Proofreader　株式会社T&K
DTP　株式会社RUHIA
Printing　共同印刷株式会社

ISBN978-4-7993-1645-0